新时代 新思想 新飞跃

当代中国马克思主义教学案例

主编 夏芸

江苏大学出版社
JIANGSU UNIVERSITY PRESS
镇 江

图书在版编目(CIP)数据

新时代 新思想 新飞跃 ：当代中国马克思主义教学案例 / 夏芸主编. — 镇江 ：江苏大学出版社，2021.4(2025.2 重印)
ISBN 978-7-5684-1575-0

Ⅰ. ①新… Ⅱ. ①夏… Ⅲ. ①马克思主义一发展一中国一教案(教育)一高等学校 Ⅳ. ①A81

中国版本图书馆 CIP 数据核字(2021)第 046896 号

新时代 新思想 新飞跃：当代中国马克思主义教学案例
Xinshidai Xinsixiang Xinfeiyue：Dangdai Zhongguo Makesi Zhuyi Jiaoxue Anli

主　　编/夏　芸
责任编辑/汪　勇
出版发行/江苏大学出版社
地　　址/江苏省镇江市京口区学府路 301 号(邮编：212013)
电　　话/0511-84446464(传真)
网　　址/http://press.ujs.edu.cn
排　　版/镇江市江东印刷有限责任公司
印　　刷/广东虎彩云印刷有限公司
开　　本/718 mm×1 000 mm　1/16
印　　张/11.5
字　　数/200 千字
版　　次/2021 年 4 月第 1 版
印　　次/2025 年 2 月第 3 次印刷
书　　号/ISBN 978-7-5684-1575-0
定　　价/45.00 元

如有印装质量问题请与本社营销部联系(电话:0511-84440882)

编审人员

主　审：袁文艺

主　编：夏　芸

副主编：姚冰彬　张　蓉

编　写：夏　芸　姚冰彬　张　蓉　陈东伟
　　　　孟林秀

校　对：孟林秀

前言

PREFACE

本书以深入贯彻习近平新时代中国特色社会主义思想为指导理念，旨在推动新时代院校思想政治理论教学工作，重点围绕在新时代坚持和发展什么样的中国特色社会主义、怎样坚持和发展中国特色社会主义这一重大时代课题，帮助学员正确理解马克思主义中国化最新理论成果，使学员自觉运用其武装头脑。

本书编写以专题形式为框架体例，以核心问题为目标牵引，以典型案例为实践佐证，以党的创新理论为学理支撑。主要包括六个专题：新时代共铸中华民族伟大复兴中国梦、统筹推进中国特色社会主义“五位一体”总体布局、协调推进“四个全面”战略布局、把人民军队全面建成一流军队、推动构建人类命运共同体、毫不动摇坚持和加强党的领导。各专题分设五个模块：“学习目的”模块、“核心问题”模块、“经典案例”模块、“难点解惑”模块、“学习金句”模块。

本书力图通过教学案例的呈现和剖析，使政治理论教学既能针对学员思想发展的实际，又能结合中国特色社会主义实践中的重大现实问题进行解疑释惑；既立足现实，解决“切实管用”的问题，又着眼未来，关照“终身受益”的问题，全面提升学员的思想水平、政治觉悟、思维能力，让学员感受到当代中国马克思主义的理论魅力。

编　者

2020 年 10 月

目录

CONTENTS

第一专题　新时代共铸中华民族伟大复兴中国梦

学习目的

中华民族伟大复兴的中国梦是以习近平同志为核心的党中央提出的重大战略思想，是中华民族近代以来最伟大的梦想，是党和国家面向未来的政治宣言。它着眼于坚持和发展中国特色社会主义，体现了中国共产党高度的历史担当和使命追求。本专题旨在引导学员学会用历史的眼光看待中华民族伟大复兴的中国梦，深刻理解实现中华民族伟大复兴是中国共产党人的初心和使命，涵养家国情怀、矢志建功立业，把青年学员个人的美好梦想始终与振兴中华的历史进程紧密相连，用矢志复兴的实际行动助推中国梦的实现。

核心问题

1. 怎样用历史眼光看待中华民族伟大复兴的中国梦？
2. 如何理解实现中华民族伟大复兴是中国共产党人的初心和使命？
3. 新时代青年如何成长为担当民族复兴大任的时代新人？

案例一　惊梦：不能忘却的甲午战争①

案例内容：

中日甲午战争，是19世纪末日本侵略中国和朝鲜的战争。按中国干支纪年，战争爆发的1894年为甲午年，中国史称“甲午战争”。

① 参见《民族痛中国梦：甲午对中国历史命运的影响有多大》，环球网，2014－01－06。

战争背景:

日本通过明治维新开始走上资本主义道路，积极对外侵略扩张，确定了以中国为中心的“大陆政策”；清朝则是一个通过洋务运动回光返照的帝国，政治腐败，人民生活困苦，官场中各派系明争暗斗、尔虞我诈，国防军事外强中干，纪律松弛。

战争过程:

1894 年（光绪二十年）7 月 25 日，日军偷袭大清帝国运兵舰队，挑起了一场蓄谋已久的大规模侵华战争，丰岛海战就此爆发。甲午战争历时 9 个月，分为陆战和海战两个战场，日军攻下朝鲜的平壤，在黄海海战中大败北洋水师，之后又攻下中国的旅顺、威海，并于 1894 年 11 月 22 日在旅顺进行大规模屠杀，血洗全城。双方于战后签订了《马关条约》，规定中方向日方割地赔款，割让台湾及其附属岛屿等、赔偿 2 亿两白银。这笔巨大的赔款，是清朝年收入的数倍!

战争结果:

在中国近代的反侵略战争中，中日甲午战争是规模最大、失败最惨、影响最深的一场战争，成为两国历史命运的分水岭。战争的结局置换了日本和中国在亚洲的地位，日本靠强索中国的巨额赔偿完成了资本原始积累，进而脱亚入欧，跻身列强，走向了对外扩张的帝国主义之路，为其后更大规模的侵华战争埋下了伏笔。

对于中华民族而言，甲午战争成了一个清朝崩溃的临界点，正如一贯谴责列强侵华的恩格斯在 1894 年 11 月深刻指出的：在中国进行的战争给了古老的帝国以致命的打击。此战加深了中国半殖民地进程。《辛丑条约》签订之后，中国完全沦为半殖民地半封建国家，从而引起外国殖民者新一轮瓜分中国的狂潮，中断了中国的现代化进程。战争的失败，无情地证明了此前洋务运动的“自强求富”，不过是暂时延缓了大清帝国的寿命。好比一艘破烂不堪却在海上飘摇的舰船，中华民族的命运开始跌入历史的谷底。

案例思考：

1. 甲午战争对清朝后期走向产生怎样的影响？
2. 甲午战争与中国梦的觉醒是一种什么样的关系？

案例解读：

勿忘甲午耻　共筑中国梦

习总书记说过，历史是现实的根源，任何一个国家的今天都来自昨天。中华民族伟大复兴的中国梦，是历史的、现实的，也是未来的。

如果从历史逻辑的角度深挖中华民族伟大复兴中国梦的历史渊源，我们会发现一条清晰的历史发展脉络：古代辉煌—近代沉沦—当代复兴。在历史发展进程中，每个历史阶段的转向都有其重要转折点。甲午战争正是中华民族觉醒的一个重要转折点。

甲午前夜，沉睡的中华民族尚未睁开惺忪的眼。在两千多年漫长的封建历史中，始终奉行着“普天之下，莫非王土；率土之滨，莫非王臣”的臣民价值观，使臣民意识甚嚣尘上。天长日久，国不知有民，民不知有国，逆来顺受，麻木不仁，“奴性”与“看客”心态发展成为民族性格中的突出特征。因此，当国家遇到危难时，老百姓自然都将自己当作“局外人”，国事任由肉食者谋之。在甲午战争中有个颇有意味的细节：当北洋舰队船只被围在威海卫港向日军投降时，鱼雷巡洋舰“广丙”号管带竟然提出：本舰属于广东水师，只是参加海上会操才来到威海，此时“应予放行南返”。在其心目中，好像不是自己的国家而只是北洋水师同日本进入了战争状态。因此，梁启超痛心疾首地写道：“是故吾国民之大患，在于不知国家为何物。”

甲午大败后，中国人才开始真正睁开眼睛看世界。甲午战争对中华民族的影响，梁启超对此曾有过入木三分的评论：“吾国四千年大梦之唤醒，实自甲午战败割台湾、偿二百兆始。”甲午战争的惨败终于激起了国民意识的觉醒，彻底打碎了“天朝上国”的迷梦，惊醒了亡国灭种的恶梦，催生了中华民族伟大复兴的中国梦。中国人的国民意识，自辛亥革命时兴起，北伐及大革命时代成长，到七七事变之后全民族抗战的全面高涨。“振兴中华”成了一代代爱国者梦寐以求的宏伟理想。无数仁人志士奋起抗争、浴血奋战，“我以我血荐轩辕”，上下求索、皓首穷经，以“振兴中华”为己任，探寻救国救民之路，走上了实现中华民族伟大复兴的伟大征程。

一百多年灾难深重的遭遇，为我们提供了沉重的历史警示。习主席提出的实现中华民族伟大复兴的中国梦，是从近代中华民族苦难的历史中孕育而生的，是“中华民族近代以来最伟大的梦想”，凝聚了“几代中国人的夙愿”。

对于新时代革命军人而言，我们不仅需从历史的维度把握中国梦的历史渊源，还需从历史的维度深刻理解习主席所阐述的“这个梦想是强国梦，对军队来说，也是强军梦”这一重要论述。强国必须强军，军强才能国安。强军梦是中国梦的重要组成部分，与中国梦相融共生。

我们必须清晰地认识到，天下虽安，忘战必危。太平盛世，并非意味着永享太平；战争的潜力，不等于战争的能力；和平的愿望，更不等于和平的现实。有无强烈的忧患意识，往往决定着国家和民族的命运。

我们必须清晰地认识到，有备才能无患，能战方能止戈。在前进的道路上，挑战和困难并不可怕，可怕的是自我陶醉，因为这种麻木可以消磨人的斗志，使人堕入危险境地而不自知。惟有发扬居安思危、未雨绸缪的忧患精神，时刻做好应对战争的准备，方能“弭战患于未萌”“保和平之长久”。

我们必须清晰地认识到，实现伟大的中国梦强军梦，需要强化使命和担当意识。“名编壮士籍，不得中顾私”。当代中国军人必须彻底摒弃和平麻痹思想，在心里刻上“定远”的铁锚，以国家和民族大业为重，以国防和军队建设为念，不断增强备战打仗意识，做好随时打硬仗的准备。

案例二　筑梦：共产党人的初心和使命

案例内容：

材料一　展望“可爱的中国”①

方志敏，1899 年生，江西省弋阳县人。1922 年 8 月加入中国社会主义青

① 参见《方志敏：伟大的共产主义战士》，中国青年网，2020－04－02。

年团。1924 年 3 月转入中国共产党。1928 年 1 月，领导弋（阳）横（峰）起义，创建赣东北苏区，领导组建中国工农红军第 10 军。先后任赣东北省、闽浙赣省苏维埃政府主席，第十军政治委员，中共闽浙赣省委书记。他把马克思主义普遍真理与赣东北实际相结合，创造了一整套建党、建军和建立红色政权的经验，毛泽东称之为“方志敏式”的根据地。

1934 年 11 月初，方志敏奉命率红军北上抗日先遣队北上，任红十军团军政委员会主席。至皖南遭国民党军重兵围追堵截，艰苦奋战两月余，被 7 倍于己的敌军围困。他带领先头部队奋战脱险，但为接应后续部队，复入重围，终因寡不敌众，于 1935 年 1 月 29 日在江西玉山陇首村被俘。被捕那天，两个国民党士兵搜遍方志敏全身，除了一块怀表和一支钢笔，没有一文钱。诚如方志敏所说：清贫，洁白朴素的生活，正是我们革命者能够战胜许多困难的地方！在狱中，面对敌人的严刑和诱降，他正气凛然，坚贞不屈。1935 年 8 月 6 日他在江西南昌下沙窝英勇就义，时年 36 岁。牺牲前他留下了众多的爱国檄文，其中最著名的一篇就是《可爱的中国》。

《可爱的中国》（摘录）：

“朋友！中国是生育我们的母亲。你们觉得这位母亲可爱吗？我想你们是和我一样的见解，都觉得这位母亲是蛮可爱蛮可爱的。”

“不错，目前的中国，固然是江山破碎，国弊民穷，但谁能断言，中国没有一个光明的前途呢？不，决不会的，我们相信，中国一定有个可赞美的光明前途。”

“到那时，中国的面貌将会被我们改造一新。所有贫穷和灾荒，混乱和仇杀，饥饿和寒冷，疾病和瘟疫，迷信和愚昧，以及那慢性的杀灭中国民族的鸦片毒物，这些等等都是帝国主义带给我们可憎的赠品，将来也要随着帝国主义的赶走而离开中国了。”

“朋友，我相信，到那时，到处都是活跃的创造，到处都是日新月异的进步。欢歌将代替了悲叹，笑脸将代替了哭脸，富裕将代替了贫穷，康健将代替了疾苦，智慧将代替了愚昧，友爱将代替了仇杀，生之快乐将代替了死之悲哀，明媚的花园将代替凄凉的荒地！这时，我们民族就可以无愧色地立在人类的面前，而生育我们的母亲，也会最美丽地装饰起来，与世界上各位母亲平等地携手了。”

“这么光荣的一天，决不在辽远的将来，而在很近的将来!”

材料二　“真理的味道有点甜”①

1919年的冬天，在浙江义乌的一个小山村，一名年轻人正在奋笔疾书。母亲送来热乎乎的粽子，他下意识地把墨汁当成红糖，吃得满嘴是墨，却还不住地称赞：“甜极了。”这个年轻人就是正在翻译《共产党宣言》的陈望道。闪耀着真理光芒的《共产党宣言》，对中国先进分子产生了多么强大的吸引力，又与中国先进分子有多么天然的亲近感。《共产党宣言》所言说的，正是在中国先进分子内心中回荡了良久的理想。在她的照耀和启发下，这批先进分子内心中的理想，变得清晰、明亮和坚定起来。

墨汁当然不是甜的，但在有信仰的共产党人心中，真理的味道比红糖更甜。正因为这种无以言喻的精神之甘、信仰之甜，无数的革命先辈，才情愿吃百般苦、甘心受千般难，甚至付出鲜血与生命的代价。经历血与火洗礼的《共产党宣言》照亮和见证了共产党人的初心，共产党人用自己的初心守护着她；她塑造了共产党人坚定的理想信念，共产党人用坚定的理想信念去诠释她。

案例思考：

1. 以方志敏同志为代表的中国共产党人的初心是什么？
2. “可爱的中国”与中国梦是怎样的关系？

案例解读：

坚守初心使命　同心共圆中国梦

中国最为可爱的地方，在于从不缺少这样一群可爱的人：每当国家民族危亡之际，他们无论付出怎样的代价，也绝不容许祖国母亲被欺凌、被分割、被霸占。在现代中国历史中，这群人由于共同的革命理想走到一起，也拥有了一个共同的名字——中国共产党。

---

① 参见［读懂中国共产党98年的初心和使命］《真理的味道甜极了》，共产党员网。

1921 年，党的一大召开，仅有 50 多名成员的中国共产党宣布成立。1922 年，党的二大宣言，确定了反帝反封建的民主革命纲领（最低纲领）和实现共产主义的最高纲领。1925 年，毛泽东同志在《政治周报》发刊词中写下“为了使中华民族得到解放，为了实现人民的统治，为了使人民得到经济的幸福”①。由此看出，我们党一经成立，就把实现共产主义作为党的最高理想和最终目标，义无反顾地肩负起实现中华民族伟大复兴的历史使命。

有了以民族救亡和复兴、人民解放和幸福为己任的中国共产党，中国人民从此有了自己的主心骨，革命的面貌焕然一新。此时的中国共产党，顺应历史的潮流，坚定而执着地确立了自己的“初心”和“使命”，代表了中国最广大人民的利益和愿望，为身处黑暗中的中国人民带来希望和光明。而后，在滚滚的历史洪流中，中国共产党人无论遇到怎样的艰难困苦，都始终牢记自己的初心和使命。习近平总书记在党的十九大报告中指出：“中国共产党人的初心和使命，就是为中国人民谋幸福，为中华民族谋复兴。这个初心和使命是激励中国共产党人不断前进的根本动力。”② 中国共产党人在救亡图存的奋斗中求索“可爱中国”，体现了中国共产党“为人民谋幸福、为民族谋复兴”的初心和使命。

历史向我们证明，正是因为秉持着初心和使命，中国共产党内一批又一批的“方志敏们”，怀揣“可爱中国”的梦想，坚守马克思主义的信仰，为了民族独立和人民解放，前仆后继，舍生忘死，让梦想变成现实，使信仰发挥伟力，从而使中华民族驶向“可爱中国”的彼岸，开启实现中华民族伟大复兴这个“中国梦”的历史新纪元。

今天，方志敏心中的可爱中国，已呈现在我们眼前。我们愈发明了，我们比历史上任何时期都更接近中华民族伟大复兴的目标，但实现中华民族伟大复兴的梦想，绝不是轻轻松松、敲锣打鼓就能实现的。“一切向前走，都不能忘记走过的路；走得再远、走到再光辉的未来，也不能忘记走过的过去，不能忘记为什么出发。”③ 习近平同志深情告诫全党，我们要永远保持建党时

① 毛泽东：《政治周报》发刊词（1925 年 12 月 5 日）。

② 习近平：《决胜全面建成小康社会 夺取新时代中国特色社会主义伟大胜利——在中国共产党第十九次全国代表大会上的报告》，《人民日报》，2017 - 10 - 18。

③ 习近平：《在庆祝中国共产党成立 95 周年大会上的讲话》，《人民日报》，2016 - 07 - 02。

中国共产党人的奋斗精神，永远保持对人民的赤子之心。只有不忘初心，一代又一代共产党人才能保持勇气、努力奋斗、完成中华民族伟大复兴的历史使命，才能团结人民、带领人民去实现伟大的奋斗目标。

作为新时代的青年军人，需进一步深化对初心、使命的理解，深刻理解初心、使命不仅代表的是一种执政理念，更应该转化为一种实实在在的行动。要把“初心”转化为建成社会主义现代化强国的决心和意志，把“使命”转化为完成党的现阶段任务的高度责任感，把“初心”和“使命”融入努力实现“两个一百年”和实现中华民族伟大复兴中国梦的奋斗目标，为强国强军伟业做出自己的贡献。

案例三　追梦：新时代的奋斗故事

案例内容：

材料一　袁隆平的“禾下乘凉梦”①

我国有着五千多年光辉灿烂的历史，在农耕文明的漫长历史中，华夏先辈们建立起自己独特的饮食体系，让五谷成为中国人的主食。而现代人的主食多为米饭，故水稻的产量是关乎中国民生的大问题。

在 20 世纪 60 年代，水稻的产量一度非常低，农民们也都过着“靠天吃饭”的生活。经历过饥荒年代的袁隆平曾亲眼看到过有人穷困潦倒，躺路边、桥底下吃不上一口饭，甚至有人活活饿死。1953 年 8 月，从西南农学院（现西南大学）农学系毕业的袁隆平被分配到湖南省怀化地区的安江农校任教，并开始思索如何把粮食产量提高上去：“作为新中国培育出来的第一代学农大学员，我下定决心要解决粮食增产问题，不让老百姓挨饿。”

袁老常常说起自己有两个梦——“禾下乘凉梦”和“杂交水稻覆盖全球梦”。第一次提到“禾下乘凉梦”，是在袁隆平与其妻子邓则新婚的第二天清晨。当袁隆平从床上醒来时，他兴奋地推醒了睡在身边的邓则，并向她讲述了自己夜里的美梦：“在梦中，我们牵手徜徉在树荫之下，显得极为浪漫与

---

① 龙军：《袁隆平：有个“禾下乘凉梦”》，《光明日报》，2014 - 01 - 20。

温馨。可是当我猛地抬头一看，发现为我们遮荫的并不是参天大树，而是比人还高的水稻。巨大的水稻垂着沉沉的稻穗，足有高粱穗大小，谷粒如玉米粒一般……”

心中有梦，才有了追梦的动力，袁老一生从未放弃过自己心中的“禾下乘凉梦”。如今袁老的美梦已成真，在超级稻示范基地，已经培育出了比人高的稻谷。根据相关报告，样株高度足足有2.28米，要知道，国际篮球巨星姚明的身高是2.26米，高秆水稻足足高过其2厘米，完全称得上是水稻中的“巨人”。

如今袁老虽然已是耄耋之年，却依旧初心不改。2018年5月，袁隆平海水稻科研团队正式启动“中华拓荒计划”，在我国五个主要类型盐碱地和延安南泥湾次生盐碱地同时进行海水稻插秧，目标是“海水稻，8年推广1亿亩”。袁老将“发展杂交水稻，造福世界人民”作为毕生的追求和梦想。

材料二　精益求精成就“90后”“大国工匠”①

24岁的杨金龙，圆圆的娃娃脸上青春痘还未褪尽，却已是全国人大代表、世界技能大赛金牌获得者、特级技师，享受高级工程师待遇。

1994年10月，杨金龙出生于云南省保山市的一个农民家庭。2009年秋天，为减轻父母负担，15岁的杨金龙来到杭州技师学院在保山市设的教学点就读职高。

2010年3月，杭州技师学院本部到保山招生，专业是汽车钣金与涂装。“这是一个很辛苦的专业，但毕业后月薪可达3000元以上，比全家一年的收入还高。”杨金龙高兴地报了名，由此来到杭州读书。他十分珍惜这次求学机会，在校期间，就获得了浙江省职业院校汽车运用与维修汽车涂装一等奖、全国职业院校汽车运用与维修汽车涂装二等奖等骄人成绩。

“汽车涂装听着简单，其实很复杂，包括对车身打磨抛光、调漆、喷漆和烤漆等很多步骤。”杨金龙说，“按照世界技能大赛的要求，油漆上下的厚度误差不能超过10微米，相当于一根头发直径的1/6左右，直接考验着参赛选手精益求精的程度。”

---

① 罗旭：《听，新时代追梦人的奋斗心语》，《光明日报》，2019-02-17。

2015 年 8 月，杨金龙以汽车喷漆项目国内第一的身份参加在巴西举行的第 43 届世界技能大赛。世界技能大赛是当今世界地位最高、规模最大、影响力最广的职业技能竞赛，被誉为“技能界的奥林匹克”。在赛场上，杨金龙心无旁骛、沉着应战，终以一流的技能技术和强大的心理素质摘得金牌，助力中国代表团实现了世界技能大赛金牌零的突破。

经过这次大赛，杨金龙迈入汽车喷漆领域的世界顶级高手行列。一时间，很多公司高薪挖他跳槽，杨金龙却不为所动，选择留校任教。他说：“在企业只能为一个公司服务，但是在学校，却能培养更多的技术人才，为一个行业服务。”

“要敢于挑战‘不可能’。”杨金龙这样要求学员，“要把工匠精神贯穿到自己的专业中去，不能只把技术当成赚钱的工具。现在的艰苦奋斗，都是在为你们的未来打好扎实基础。”

案例思考：

1. 如何正确理解中国梦与个人梦的辩证关系？

2. 如何理解习近平总书记提出的“新时代属于每一个人，每一个人都是新时代的见证者、开创者、建设者”这一重要论述？

案例解读：

争做时代追梦人　砥砺奋进中国梦

这是一个伟大的追梦时代，习近平总书记深情寄语广大人民，“中国梦是国家的、民族的梦，也是每个中国人的梦”①。中国梦和个人梦之间存在着密切的辩证关系。一方面，中国梦的广阔舞台，为个人放飞梦想提供了大有可为的空间，每个人都可以在时代大舞台上书写精彩人生；另一方面，中国梦的实现，又有赖于每一个人最大限度地把自己的聪明才智和创造力发挥出来，每个人为了梦想进行的努力都是实现中国梦的一份力量。只有每个人都把人生理想融入国家和民族的伟大梦想，才能汇聚成不可战胜的磅礴力量，

---

① 习近平：《在同各界优秀青年代表座谈时的讲话》，《人民日报》，2013－05－05。

才能把历经苦难而又生生不息的中华民族送达梦想的彼岸，让每个人在“国家好，民族好，大家才会好”的信念中梦想成真。

梦想是种精神力量，给人以奋进的动力；梦想是种执着追求，指引着前进的方向。如果说现实是此岸，理想是彼岸，奋斗则是通往理想彼岸的桥梁。美好的梦想，终究要靠奋斗才能实现；生命的辉煌，也只有通过奋斗才能铸就。当代中国有无数出彩的机会，但每个机会都要用实实在在的奋斗去把握。无论是袁老的“禾下乘凉梦”还是“90后”杨金龙用精益求精成就自我，时代点点滴滴的进步都是人们用汗水浇灌出来的。

作为新时代革命军人，我们将全过程参与实现中华民族伟大复兴的伟大事业，应在奋斗中释放青春激情，用奔跑的姿态与时代同行，以实干推进中国航船劈波斩浪，让一个个鲜活的青春梦想支撑起中国梦强军梦，做强军报国的追梦人。

要找准方向，明确目标，把个人梦想融入伟大梦想。“泰山不让土壤，故能成其大；河海不择细流，故能就其深。”对美好梦想的追求，对人生出彩的渴望，是每个人的权利和自由，也是每个人应具备的精神姿态和价值理念。“中国梦是国家的、民族的梦，也是每个中国人的梦。”在宏观与微观、民族与个人、伟大与渺小的辩证关系之中，蕴藏着中华民族团结奋进、共筑梦想的精神传承和成功之道。作为矢志报国的追梦人，应坚守在强军战位上，将青春梦融入强军梦，在平凡的岗位上追逐梦想，做到干一行爱一行、钻一行精一行，争当本职岗位的行家里手、尖子标兵。

要勤恳实践，踏实奋斗，将客观现实通往美好未来。“道虽迩，不行不至；事虽小，不为不成。”梦想固然十分美好，但尚未实现的梦想，终究是美好的想象，需要靠实践变虚为真。我们今天的不平凡成绩，正是靠埋头苦干、真抓实干、撸起袖子加油干取得的。“空谈误国，实干兴邦。”对于党和国家事业发展而言，实践永无止境，奋斗创造辉煌，实干是通往伟大梦想的必由之路。

这个伟大的时代属于每一个追梦人，也不会辜负每一个追梦人。在逐梦路上，高扬奋斗之帆，紧握奋斗之桨，就能找到人生出彩的舞台。恩格斯说过，人们创造历史的活动，如同无数力的平行四边形形成的一种总的合力。团结奋进，山海可蹈；勠力同心，未来可期。在奋力追梦的征程中，我们既要志在星辰大海，以梦想领航、用责任掌舵，又要靠实干进取，勇于担当，"以坚如磐石的信心、只争朝夕的劲头、坚韧不拔的毅力"①，全力跑好属于自己的一棒，用你我每一块梦想的小拼图，构筑起强军兴军的宏图伟业。

案例四　共梦：中国梦与世界同行

案例内容：

材料一　潘维廉：希望中国梦成为世界梦②

1988年，来自美国的管理学博士潘维廉卖掉公司，来到厦门大学学习汉语，了解中国文化。当时，周围有很多不支持的声音，甚至有人专门打电话给他表示强烈反对，但潘维廉抱定了要到中国大陆的决心，因为在他看来，道听途说的一切并不能代表中国大陆的真实情况，他想要到中国亲眼看、亲身感受。最初潘维廉只是抱着了解中国大陆的想法，而这一来，就"不见外"地待了30年。

随着对厦门的日渐了解，潘维廉决定留下来，用自己的实际行动做这片土地的"代言人"。潘维廉是第一个定居厦门的外国人，也是福建省第一位外籍永久居民。每当别人称他"老外"时，潘维廉总是笑答："不要叫我'老外'，我是'老内'"。

来华30年，他踏足中国广袤土地，感受各地风土人情，见证中国经济发展变化。从2000年开始，他陆续出版了"魅力"系列丛书、MBA教材《组织行为学》等多本著作，为的是让更多的外地人了解厦门、了解福建。为了方便不同人群阅读，他的书里不乏一些活泼生动的卡通手绘插画，同时他又开始出汉英版。后来潘维廉还建立了一个网站，向世界介绍中国，介绍福建，介绍厦门，主持过400多集关于中国历史文化的电视节目，协助拍摄郑成功专题。

2018年底，潘维廉出版了新书《我不见外》，以一个长期在华生活的外

---

① 习近平：《二〇一九年新年贺词》，《人民日报》，2019-01-01。
② 参见《见证70年·外国人追梦故事》，参考消息网，2019-10-01。

国人的独特视角，记录和展现了中国改革开放的历史进程和伟大变革。2019年农历新年前夕，潘维廉收到了习近平总书记给他的回信，祝贺他的新书出版，感谢他把人生30年的宝贵时光献给了中国的教育事业，感谢他投身中国教育事业，相信他将会见证一个更加繁荣进步、幸福美好的中国，一个更多造福世界和人类的中国，为他“作为中国改革开放的见证者，热情地为厦门、为福建代言”而点赞。

材料二　柬埔寨网红男孩来华求学①

2018年，一位名叫沙利的柬埔寨小男孩，因为用多国语言向游客兜售纪念品成了全球网红。沙利一家生活拮据，父亲靠画画、卖画为生，沙利从7岁开始帮妈妈在旅游景点卖纪念品。8年的“卖货郎”生涯，让沙利学会了用多国语言叫卖推销的技巧。

成为“网红”后，他的命运改变了。浙江诸暨的一所学校2018年刚刚启动“一带一路”国际英才留学中国公益项目，免费招收“一带一路”沿线国家贫困英才，他们被沙利的事迹感动，远赴柬埔寨找到了沙利。

2019年1月，这位“小网红”和父母来到“一带一路”中国公益项目的一所学校参观，漂亮的校舍和读书的氛围让他着迷。同年5月，他如愿开始了在中国的求学生活……现在，沙利是诸暨某外国语中学中文班的小留学生，在这里，他接触了以前从没学过的各种科目，中文、英文、数学、美术甚至烘焙。不过，在沙利看来，这里和柬埔寨最大的不同，是不需要上街去卖纪念品贴补家用了。

沙利说，这些天在中国的生活，是他人生中最轻松、最开心的一段时光。在生活的重压消失后，他终于可以像个15岁的少年那样畅想未来了。沙利接下来的目标，是能考上北京大学，做个成功的企业家。

材料三　河北吴桥：留学员的“杂技之乡”②

2019年6月，河北吴桥杂技艺术学校“2018年发展中国家杂技培训班”结业典礼顺利举行。来自肯尼亚、老挝、塞拉利昂3个国家的26名杂技学员

---

① 参见《柬埔寨网红男孩来华留学》，中华网，2019-07-06。

② 参见《26名“洋弟子”吴桥杂技学校结业》，搜狐网，2019-06-04。

学得一身绝活，将回国从事杂技表演或杂技教育工作。

自2018年入学以来，这批学员系统学习了空竹、晃圈、绸吊、滚环等23个集体节目和10个单项节目。伊萨卡便是其中之一。他和伙伴卢卡斯、代维、巴斯瑞克和萨姆耶，都是从肯尼亚来到吴桥杂技艺术学校学习的“追梦青年”。训练中，老师们帮他们编创了很多杂技节目，比如以对手动作为主的“对手顶”，以筋斗技艺为主的“搭轿子”，以幽默风趣为特点的“滑稽武术”等。2019年3月，央视《黄金100秒》摄制组向河北吴桥杂技艺术学校发来邀请函，老师们推荐了卢卡斯等5人参赛。他们不负众望，顺利完成了挑战。伊萨卡说，通过一年的学习，他们学到了20多个单项节目和集体节目。这一切要感谢老师的辛勤付出，中外友谊之花必将盛开在世界各地。

河北吴桥杂技艺术学校是全国成立最早的一所专门培养杂技人才的中等专业艺术学校，是世界马戏学校联合会成员之一。1999年，学校被文化部批准为“中国吴桥国际杂技艺术培训中心”。2002年以来，已为23个国家培养了410名外籍杂技学员，并多次参加国家重大外事活动的演出，为弘扬杂技文化、增进中外人民的友谊做出了积极贡献。

案例思考：

实现中华民族伟大复兴的中国梦与世界各国人民的梦想是什么关系？

案例解读：

同一个世界　同一个梦想

中华民族伟大复兴的中国梦是和平、发展、合作、共赢的梦，不仅造福中国人民而且造福世界各国人民。从世界向度上看，中国梦与中国和平发展的道路具有同一性。中国梦的每个发展维度都以人类的大同愿景为着眼点，都以实现世界梦为目标，反映了中国梦的文明特征。

与世界共患难、同分享，是中国梦独具特色的重要内涵。从“入世惠及中国、也惠及世界”到“同一个世界，同一个梦想”，从“一带一路”倡议到人类命运共同体理念的提出，日益融入世界的中国，在国际交流合作中，始终追求良性互动、合作共赢。

中国梦的实现不但会深切地改变中国，也必将对世界的发展产生巨大的影响。对中国来说，机遇与挑战并存，而对国际社会来说，对中国的期待与顾虑同在。作为世界上独一无二的“四超国家”①（超悠久的历史文化，超广阔的疆域面积，超大型的人口规模，超巨大的市场潜力），中国的崛起必然会引起广泛关注，也引起了世界上一些国家的担心忧虑乃至恐惧。他们认为按照历史上大国崛起的逻辑来推断，中国发展起来必然会挑战现存的国际秩序，中国梦是“扩张梦”“霸权梦”的前奏，中国一定会跌入所谓大国冲突对抗的“修昔底德陷阱”。

要打消国际社会对于中国崛起的顾虑，就必须厘清中国梦与世界其他国家人民梦想的关系，阐明中国梦将给世界带来什么。对此，习近平总书记多次强调：“中国梦既是中国人民追求幸福的梦，也同世界人民的梦想息息相通。中国将在实现中国梦的过程中，同世界各国一道，推动各国人民更好实现自己的梦想。”②“中国将始终做全球发展的贡献者，坚持走共同发展道路，继续奉行互利共赢的开放战略，将自身发展经验和机遇同世界各国分享，欢迎各国搭乘中国发展‘顺风车’，一起来实现共同发展。”③ 透过习近平总书记的话语，我们可以自豪地说，中国梦的实现不是中国人自己的“独乐乐”，而是能够给世界人民带来福祉的“众乐乐”。

在中国梦实现过程中，我国以与国际社会和平发展、互利共赢的崭新实践，为人类社会向更高的文明形态演进提供了新的范式。越来越多的“潘维廉”们定居中国、为中国点赞；越来越多的“沙利”们走进课堂、来中国圆梦。开放的中国张开双臂，欢迎外国友人来“串门”，欢迎各国人民搭乘中国发展的“快车”，共襄合作盛举，开创美好未来。

“穷则独善其身，达则兼济天下。”中华民族有造福天下的胸怀。英国《金融时报》评论：“中国的梦想，不仅关乎中国的命运，也关系世界的命运。”作为一个拥有 14 亿人口的发展中大国，中国保持自身的繁荣稳定，本

---

① 参见张维为：《一个文明型国家的崛起》，宣讲家网，2016－05－17。

② 习近平：《在中国国际友好大会暨中国人民对外友好协会成立六十周年纪念活动上的讲话》，《人民日报》，2014－05－16。

③ 中共中央文献研究室编：《十八大以来重要文献选编》（中），698 页，北京：中央文献出版社，2016。

身就是对世界的巨大贡献。同时，中国发展对世界各国是重要机遇。中国正在加快推进新型工业化、信息化、城镇化、农业现代化，新的经济增长点将不断涌现；中国有人数众多、购买力旺盛的群体，有健全的工业体系和商品种类，这些将为国际和地区伙伴提供更广阔的市场、更充足的资本、更丰富的产品、更宝贵的合作契机。这有利于世界经济的长远发展。

中国的发展离不开世界，世界的发展也需要中国。各国资源互补，人才互通，机遇共享，规则共建，旨在求取发展这一最大公约数。事实证明，实现国家富强、民族振兴、人民幸福的中国梦，与持久和平、共同繁荣的世界梦息息相通、高度契合。个人梦与家国梦同声相应，中国梦、非洲梦、亚太梦乃至世界梦同频共振，必将为人类创造一个更加美好的明天。

难点解惑

1. 世界梦和中国梦是不是包含和被包含的关系？

答：世界梦与中国梦是普遍与特殊的关系。中国梦与各国人民的梦想共同构成了世界梦。世界梦是世界各国人民共同拥有的关于世界美好未来的愿景，它是各国人民梦想的最大公约数，是国际社会的基本价值取向，是特殊性之上的普遍性。

2. 中国梦最终的落脚点是什么？

答：国家富强、民族振兴、人民幸福是实现中华民族伟大复兴中国梦的三大基本内涵，它们在中国梦框架下共同形成了一个有机统一的整体。从根本上看，国家富强的“国家梦”和民族振兴的“民族梦”最终统一于人民幸福的“人民梦”。习近平总书记指出，中国梦归根到底是人民的梦，必须紧紧依靠人民来实现，必须不断为人民造福。这就为中国梦给出了鲜明的目标指向，它的最终着眼点要落脚于人民的幸福，要让全体中国人民过上美好幸福的生活。

3. 中国共产党为什么能够历经磨难而数度凤凰涅槃，在执政道路上取得非凡的成功①？

答：中国共产党是一个愈挫愈勇的政治组织，具有脱离险境的神奇力量，不断创造出让人难以置信的传奇业绩。这是中国共产党自身所具有的独特优

① 参见王传利：《中国共产党为什么能够创造奇迹》，求是网，2019-08-21。

势所决定的。

第一，有好的理论。中国共产党是以马克思主义科学理论武装头脑的学习型政党。中国共产党建立了从中央到县一级的党校体系，不断研究中国革命、建设和改革出现的新情况、新经验、新问题，保证了中国共产党的理论宝库历久弥新。中国共产党重视学习，善于学习，善于根据客观情况的变化，不断提高党员干部的思想认识水平，不断推进和深化马克思主义中国化，党才能够战胜艰难险阻，历经曲折，由弱到强，由幼稚走向成熟，从一个胜利走向另一个胜利。

第二，有好的组织架构。中国共产党组织严密，人数众多，战斗力和动员力强大。中国共产党在乡村建支部、连队建支部、车间建支部，深入到社会的各行各业，深入到社会的各个细胞。无论改革如何进行，党管干部的原则，党指挥枪的原则，始终没有改变，这就保证了党拥有庞大的干部人才队伍，拥有军队这个钢铁长城。党集中统一掌控的各种资源，可以在天灾人祸来临时，转化为攻无不克的磅礴之力。

第三，有好的成员。中国共产党是由理想坚定、境界脱俗、能力超凡、品德高尚、意志坚强的成员构成的伟大政党。中国共产党队伍里聚集着中华民族最优秀的儿女。党的事业取得伟大辉煌成就的关键，就在于拥有了一大批公而忘私、富有献身精神的优秀共产党人。其中，有“共产党员的意志是钢铁”的江姐，有用生命践行誓言“宁肯少活二十年，拼命也要拿下大油田”的王进喜，有“生也沙丘，死也沙丘，父老生死系”的县委书记焦裕禄，有信奉“一个共产党员爱的最高境界是爱人民”的地委书记孔繁森。他们的年龄、工作岗位不同，有的被称为时代楷模，有的被称为时代先锋，有的被称为人民公仆，但他们都是党的优秀儿女。这支由中华民族的优秀儿女构成的队伍，在一个情况复杂的古老国度，创造出无数的人间奇迹。

第四，有好的群众关系。密切地保持与群众的血肉联系，不断地巩固这种联系，坚定地与人民群众站在一起，始终代表人民群众的根本利益，这是中国共产党力量强大、不可战胜的重要原因。如同希腊神话中的大力神安泰，只有立足于大地才能够汲取无穷力量一样，党只有一刻也不脱离人民群众，才能保持勃勃的生机。正是靠着人民群众的坚决拥护和支持，中国共产党才能在九死一生的重重险境中战胜敌人，创造人间奇迹。

第五，有好的传统和作风。“人非圣贤，孰能无过?”中国共产党并非生活在真空里，也会犯错误，甚至可能犯很大的错误，但共产党具有有别于其他政党的优良传统和作风，那就是善于开展批评和自我批评，善于吸取教训、改正错误。党在工作中出现的是非问题，不是靠拳头、刀枪、相互攻击来解决的，而是提倡用说理的办法，批评与自我批评的方法，也就是用民主的方法，让群众监督的方法，加以科学地解决。党还有健康的党内生活制度，比如民主集中制；言者无罪、闻者足戒，惩前毖后、治病救人；批评从严、处理从宽，不搞过火斗争、无情打击；谦虚谨慎，戒骄戒躁；等等。健康的党内生活制度，是党充满生机的基础。

学习金句

一、 实现中华民族伟大复兴是中华民族近代以来最伟大的梦想

每个人都有理想和追求，都有自己的梦想。现在，大家都在讨论中国梦，我以为，实现中华民族伟大复兴，就是中华民族近代以来最伟大的梦想。这个梦想，凝聚了几代中国人的夙愿，体现了中华民族和中国人民的整体利益，是每一个中华儿女的共同期盼。历史告诉我们，每个人的前途命运都与国家和民族的前途命运紧密相连。

——《习近平在参观〈复兴之路〉展览时的讲话》（2012 年 11 月 29 日），《人民日报》2012 年 11 月 30 日

中国梦是历史的、现实的，也是未来的。中国梦凝结着无数仁人志士的不懈努力，承载着全体中华儿女的共同向往，昭示着国家富强、民族振兴、人民幸福的美好前景。

——习近平在同各界优秀青年代表座谈时的讲话（2013 年 5 月 4 日），《人民日报》2013 年 5 月 5 日

近代以来，实现中华民族伟大复兴成为中华民族最伟大的梦想，中国人民百折不挠、坚忍不拔，以同敌人血战到底的气概、在自力更生的基础上光复旧物的决心、自立于世界民族之林的能力，为实现这个伟大梦想进行了

170 多年的持续奋斗。

——《习近平在第十三届全国人民代表大会第一次会议上的讲话》（2018 年 3 月 20 日），《人民日报》2018 年 3 月 21 日

新时代中国青年运动的主题，新时代中国青年运动的方向，新时代中国青年的使命，就是坚持中国共产党领导，同人民一道，为实现“两个一百年”奋斗目标、实现中华民族伟大复兴的中国梦而奋斗。

——《习近平在纪念五四运动 100 周年大会上的讲话》（2019 年 4 月 30 日），《人民日报》2019 年 5 月 1 日

二、中国共产党义无反顾肩负起实现中华民族伟大复兴的历史使命

中国共产党一经成立，就把实现共产主义作为党的最高理想和最终目标，义无反顾肩负起实现中华民族伟大复兴的历史使命，团结带领人民进行了艰苦卓绝的斗争，谱写了气吞山河的壮丽史诗。

——习近平《决胜全面建成小康社会　夺取新时代中国特色社会主义伟大胜利——在中国共产党第十九次全国代表大会上的报告》，人民出版社 2017 年版，第 13 页

中国共产党领导是中国特色社会主义最本质的特征，中国共产党是国家最高政治领导力量，是实现中华民族伟大复兴的根本保证。东西南北中，党政军民学，党是领导一切的。全国各党派、各团体、各民族、各阶层、各界人士要紧密团结在党中央周围，增强“四个意识”，坚定“四个自信”，万众一心向前进。

——《习近平在第十三届全国人民代表大会第一次会议上的讲话》（2018 年 3 月 20 日），《人民日报》2018 年 3 月 21 日

当今世界正经历百年未有之大变局，我国正处于实现中华民族伟大复兴关键时期，我们党正带领人民进行具有许多新的历史特点的伟大斗争，形势

环境变化之快、改革发展稳定任务之重、矛盾风险挑战之多、对我们党治国理政考验之大前所未有。

——《习近平在“不忘初心、牢记使命”主题教育总结大会上的讲话》(2020 年 1 月 8 日),《人民日报》2020 年 1 月 9 日

三、中国梦的本质是国家富强、民族振兴、人民幸福

展望未来，我国青年一代必将大有可为，也必将大有作为。这是“长江后浪推前浪”的历史规律，也是“一代更比一代强”的青春责任。广大青年要勇敢肩负起时代赋予的重任，志存高远，脚踏实地，努力在实现中华民族伟大复兴的中国梦的生动实践中放飞青春梦想。

——《习近平在同各界优秀青年代表座谈时的讲话》(2013 年 5 月 4 日),《人民日报》2013 年 5 月 5 日

长期以来，中国科学院、中国工程院团结带领包括院士在内的广大科技工作者，以实现国家富强、民族振兴、人民幸福为己任，着力攻克关键核心技术，破解创新发展难题，在重大科技领域不断取得突破，为我国科技事业发展作出了突出贡献。

——《习近平在中国科学院第十九次院士大会、中国工程院第十四次院士大会上的讲话》(2018 年 5 月 28 日),《人民日报》2018 年 5 月 29 日

党的初心和使命是党的性质宗旨、理想信念、奋斗目标的集中体现，激励着我们党永远坚守，砥砺着我们党坚毅前行。从石库门到天安门，从兴业路到复兴路，我们党近百年来所付出的一切努力、进行的一切斗争、作出的一切牺牲，都是为了人民幸福和民族复兴。

——《习近平在“不忘初心、牢记使命”主题教育总结大会上的讲话》(2020 年 1 月 8 日),《人民日报》2020 年 1 月 9 日

四、中国梦是和平、发展、合作、共赢的梦

中国梦既是中国人民追求幸福的梦，也同世界人民的梦想息息相通。中

国将在实现中国梦的过程中，同世界各国一道，推动各国人民更好实现自己的梦想。

——《习近平在中国国际友好大会暨中国人民对外友好协会成立60周年纪念活动上的讲话》(2014年5月15日)，《人民日报》2014年5月16日

中国人民深知实现国家繁荣富强的艰辛，对各国人民取得的发展成就都点赞，都为他们祝福，都希望他们的日子越过越好，不会犯“红眼病”，不会抱怨他人从中国发展中得到了巨大机遇和丰厚回报。中国人民张开双臂欢迎各国人民搭乘中国发展的“快车”“便车”。

——习近平《共担时代责任，共促全球发展》(2017年1月17日)，《人民日报》2017年1月18日

我们生活的世界充满希望，也充满挑战。中国人民历来富有正义感和同情心，历来把自己的前途命运同各国人民的前途命运紧密联系在一起，始终密切关注和无私帮助仍然生活在战火、动荡、饥饿、贫困中的有关国家的人民，始终愿意尽最大努力为人类和平与发展作出贡献。中国人民这个愿望是真诚的，中国决不会以牺牲别国利益为代价来发展自己，中国发展不对任何国家构成威胁，中国永远不称霸、永远不搞扩张。只有那些习惯于威胁他人的人，才会把所有人都看成是威胁。对中国人民为人类和平与发展作贡献的真诚愿望和实际行动，任何人都不应该误读，更不应该曲解。人间自有公道在！

——《习近平在第十三届全国人民代表大会第一次会议上的讲话》(2018年3月20日)，《人民日报》2018年3月21日

五、中国梦归根到底是人民的梦

中国梦归根到底是人民的梦，必须紧紧依靠人民来实现，必须不断为人民造福。

——《习近平在第十二届全国人民代表大会第一次会议上的讲话》(2013年3月17日)，《人民日报》2013年3月18日

中国梦是追求和平的梦。中国梦需要和平，只有和平才能实现梦想。天下太平、共享大同是中华民族绵延数千年的理想。历经苦难，中国人民珍惜和平，希望同世界各国一道共谋和平、共护和平、共享和平。历史将证明，实现中国梦给世界带来的是机遇不是威胁，是和平不是动荡，是进步不是倒退。拿破仑说过，中国是一头沉睡的狮子，当这头睡狮醒来时，世界都会为之发抖。中国这头狮子已经醒了，但这是一只和平的、可亲的、文明的狮子。

——《习近平在中法建交五十周年纪念大会上的讲话》（2014 年 3 月 27 日），《人民日报》2014 年 3 月 29 日

中国梦是追求幸福的梦。中国梦是中华民族的梦，也是每个中国人的梦。我们的方向就是让每个人获得发展自我和奉献社会的机会，共同享有人生出彩的机会，共同享有梦想成真的机会，保证人民平等参与、平等发展权利，维护社会公平正义，使发展成果更多更公平惠及全体人民，朝着共同富裕方向稳步前进。

——《习近平在中法建交五十周年纪念大会上的讲话》（2014 年 3 月 27 日），《人民日报》2014 年 3 月 29 日

中国梦最根本的是实现中国人民的美好生活。关于这个问题，需要从历史和现实两个向度来认识。1840 年鸦片战争之后，中华民族经历了长达一个世纪的社会动荡、外族侵略、战争磨难，但中国人民始终自强不息、顽强斗争，从未放弃对美好梦想的向往和追求。看待当今中国，一定要深刻认识中国近代以后所遭受的民族苦难，一定要深刻认识这种长期的民族苦难给中国人民精神世界带来的深刻影响。所以我们说，实现中华民族伟大复兴的中国梦是近代以来中华民族最伟大的梦想。中国梦是中华民族的梦，也是每个中国人的梦。中国梦不是镜中花、水中月，不是空洞的口号，其最深沉的根基在中国人民心中。

——习近平接受《华尔街日报》采访时的讲话（2015 年 9 月 22 日），《人民日报》2015 年 9 月 23 日

第二专题　统筹推进中国特色社会主义“五位一体”总体布局

学习目的

“五位一体”总体布局，是我们党对社会主义建设规律在实践和认识上不断深化的重要成果，鲜明体现了中国共产党人与时俱进的理论品格。本专题旨在引导学员深刻理解“五位一体”总体布局是相互联系、相互促进、相辅相成的统一整体；深刻理解从“两个文明”到“五位一体”是党的重大理论和实践创新，更带来了发展理念和发展方式的深刻转变；深刻理解必须坚持“五位一体”建设，全面推进、协调发展，才能形成经济富裕、政治民主、文化繁荣、社会公平、生态良好的发展格局，把中国建设成为富强民主文明和谐美丽的社会主义现代化强国。

核心问题

1. 怎么理解习近平总书记强调的“抓住了科技创新就抓住了牵动我国发展全局的牛鼻子”？

2. 社会主义民主政治的鲜明品格和巨大优势是什么？

3. 如何正确看待意识形态领域形势的复杂性？如何防范意识形态风险？

4. 我们党高度重视抓民生这一人民最关心最直接最现实的问题有什么意义？

5. 建设美丽中国具有怎样的重大现实意义？

案例一　美国制裁中兴、华为事件

案例内容：

材料一　2018 年美国制裁中国公司事件

2018 年 4 月 16 日，美国商务部发布公告称，美国政府在未来 7 年内将禁止美国公司向中兴通讯销售零部件、商品、软件和技术。

中兴通讯是全球数一数二的通信设备制造商，业务覆盖无线网络、光传输、宽带接入、数据通信、核心网、云计算手机终端等领域，但其主要业务领域对国外芯片依赖严重。根据其 2014 年报告及相关数据分析，中兴 2014 年芯片采购总额为 59 亿美元，其中从美国采购的芯片金额为 31 亿美元。

中兴全线产品过多依赖于美国芯片和光模块厂商，即使是在中兴微电子占据优势的领域，也仅能实现主控芯片自主配套，周边芯片仍受制于人。在制裁被解除前，中兴及其关联公司已不能直接或间接购买美国供应商的产品。当时中兴最多只有两个月的芯片库存，美国向中兴提供原材料的禁令一出，如果三个月之内不解除制裁，中兴濒临破产边缘。

2018 年 5 月，中兴通讯公告称，受禁令影响，其公司主要经营活动已无法进行。

2018 年 6 月 7 日，美国商务部长罗斯宣布：与中国中兴通讯公司达成新的和解协议。协议内容包括，中兴通讯需要额外支付 10 亿美元罚款，并在第三方托管账户存放 4 亿美元及保证在 30 天内更换董事会和管理层，同时允许美国方面挑选人员进入中兴通讯的合规团队。至此，中兴通讯被美国商务部处罚的罚金总额已达到 22.9 亿美元。

材料二　2019 年美国制裁华为事件①

2019 年 5 月 15 日，美国总统特朗普签署行政命令，宣布进入国家紧急状态，在此紧急状态下，美国企业不得使用对国家安全构成风险的企业所生

---

① 参见郑伟彬：《制裁华为，背后不可忽视的变量》，《新京报》，2019－05－27。

产的电信设备和服务。同日，美国商务部宣布，将把华为及其子公司列入出口管制的“实体名单”。这意味着没有得到美国官方的许可，美国企业将不能与华为进行商业往来。换句话说，华为被美国政府“封杀”了。

5 月 18 日，任正非接受日媒采访时表示：“即使没有高通和美国其他芯片供应商供货，华为也不会有事，我们不会像中兴那样，在美国的要求下改变我们的管理层，也不会接受监管。”

面对美国政府的强大攻势，华为之所以有足够自信从容应对，离不开华为在基础理论研究方面的投入和强大的研发团队。过去十年，华为累计投入研发费用高达 4800 亿元人民币，在全球拥有 15 个研究院所、36 个联合创新中心。其带来的结果是，截至 2018 年年底，华为在全球一共拥有授权专利达 87805 件，数量在全球企业中位列前茅。根据世界知识产权组织（WIPO）统计数据，2017、2018 两年，华为更是持续位列全球企业专利申请数量第一位，专利申请数量是第二名的近两倍。

可以说，在数字时代来临时，华为已经基于其强大的数字能力，将业务涵盖从个人到企业、从产业到城市的全方位生态系统。由此，尽管美国政府针对华为频繁对其欧洲盟友施压，但获得成功的可能性较低。

案例思考：

1. 中兴和华为两家公司都被美国制裁，为什么结果不同？
2. 中兴事件和华为事件给我们怎样的启示？

案例解读：

核心技术必须牢牢掌握在手

中国两大科技巨头中兴和华为先后被美国制裁，但被制裁的结果却不一样。同样都是世界 500 强，同样都是遭美国打压，为何中兴毫无还击之力，而华为却可以做到很硬气？归根到底在于前者在核“芯”上无法摆脱美国的控制，后者将核“芯”牢牢掌握在手中。

作为全球四大通信设备供应商之一的中兴公司，市值千亿，看似强大，实则羸弱。其产品中最为核心的芯片［手机芯片、FPGA（Field Programmable

Gate Array，现场可编程门阵列）芯片、射频芯片、模拟芯片］，全部都依赖于高通等美国科技巨头。美国一纸禁令让千亿的中兴直接变成砧板上的鱼肉，任人宰割。赔钱、解散董事会、董事会被人派驻，命运完全掌握在他人之手。对比之下，华为公司高瞻远瞩，20 年前就做出极限生存的假设，投入上千亿的资金用于研发，实现“科技自立”。面对美国的打压制裁，华为表现出了惊人的民族气节，海思芯片极大发展，后面又曝出自主研发的鸿蒙操作系统——华为自主研发的手机操作系统不久面市。华为公司 2019 年前三季度的收入依旧增长 24%，获得全球 60 多个 5G 商用合同。华为用事实让美国明白：在核心技术上早已有所准备的华为，不会因为美国的压制就轻易就范，更不会像中兴一样接受美国的监管。

中兴和华为在美国制裁面前呈现出截然不同的表现，充分说明“打铁还需自身硬”的道理，充分凸显了科技自主创新的必要性。中兴事件触碰了中国通信产业核心技术缺失的痛点与“缺芯少魂”的关键问题。习近平总书记指出：“重大科技创新成果是国之重器、国之利器，必须牢牢掌握在自己手上，必须依靠自力更生、自主创新。”① “真正的大国重器，一定要掌握在自己手里。核心技术、关键技术，化缘是化不来的，要靠自己拼搏。”②

当凛冬将至，“谁有棉衣，谁就活下来了”。残酷的现实证明，关键核心技术是要不来、买不来、讨不来的。对于一个国家、一个民族又或者是一个企业而言，要想在市场发展中不受制于人，就必须坚持自主创新，将核心技术牢牢掌握在自己的手里，才能在竞争中不受制于人，才能从根本上保障国家安全，实现“安全可控”。

案例二　西方民主模式“病”了……

案例内容：

2019 年 8 月 5 日播出的《这就是中国》节目③中，主讲人复旦大学中国

① 习近平在北京大学考察时的讲话，《人民日报》，2018-05-03。
② 习近平在湖北考察时的讲话，《人民日报》，2018-04-27。
③ 参见电视政论片《这就是中国》第二十九期。

研究院院长张维为教授就“给西方民主把把脉”展开了主题演讲。张教授认为西方模式今天患的病可以用“四个太多”来概括。

第一是太多的“重财轻义”，就是有钱能使鬼推磨，多数人的利益受到了越来越多的损害。“重财轻义”的标志性事件就是2010年美国联邦最高法院裁定，对公司和团体的竞选捐款不设上限，随后在2014年又裁定个人竞选捐款也不设上限。美国已故的极右翼参议员麦凯恩对此作出预言，“美国今后将丑闻不断”。英国《经济学人》杂志2014年刊文，称金钱获得了美国历史上前所未有的政治影响力。平均每位国会议员有超过20名说客，让立法过程变得冗长复杂，让特殊利益集团更有机会参与其中。在美国，最富的50个美国人大概可以左右白宫，这是美国政治制度的最大特点之一。

第二是太多的“争权夺利”。西方民主模式的一个基因缺陷是权利的绝对化导致“否决政治”盛行，妥协变得越来越难。美国和英国的政客都把自己的权利放在整个国家的利益之上，导致今日美国和英国政治版图非常分裂。特朗普时代，美国政府已经关门了多次，共和党、民主党之间的恶斗创造了美国的历史纪录。2008年美国金融危机爆发后不久，英国《金融时报》曾经刊登过一篇文章批评美国政客见利忘义、互相拆墙脚，他们甚至希望经济可以变得更糟，只要有利于自己当选就行。

第三是太多的“饮鸩止渴”。主要表现在债务经济上。西方民主政治下，政客为了拉选票都竞相讨好选民，开出各种各样直接、间接的福利支票，最后耗尽了国库，导致“民粹主义”和“短视政治”泛滥。希腊等一些南欧国家的债务危机是这样形成的，美国居高不下的债务危机某种意义上也是这样形成的。今天的西方国家几乎都成了寅吃卯粮的“债务依赖型”经济，通过借新债还旧债的方法试图解决经济和财政问题。

美国加州政府破产就是明证，整个体制是饮鸩止渴的短视政治。加州的政客采用的是一种民粹主义的方法，导致民众纷纷要求减税，先是减少财产税，再是取消汽车税，最后加州政府陷入破产的境地。等到加州政府又想恢复汽车税，州议会又从中作梗，结果使加州财政陷入恶性循环。

第四是太多的“空谈误国”。今天的西方民主几乎成了无休止口水仗的代名词。2008年，奥巴马高喊“变革”的口号入主白宫。他承诺削减美国的国债，但美国国债从原来的11万亿美元增加到17万亿美元，执政八年唯一兑现的医保方案，被特朗普一上台就废除了。

希腊的情况也很能说明问题。虽然整个国家陷入债务危机，但希腊各个政党还为下一轮竞选没完没了地扯皮。一方面希腊依赖外部的资金救援，另一方面又不愿意接受削减福利的任何安排。2011 年，希腊领导人曾公开主张采用公投来要挟欧盟，一时整个欧盟非常紧张，因为欧盟成员国不可能真的拿出真金白银来帮助希腊。西方模式的特点是有福同享时，大家争先恐后；有难同当时，大家四分五裂。当时《金融时报》发表评论称："希腊发明了民主，但现代希腊却有可能给民主带来恶名。雅典的政客们争论不休，有可能使欧洲债务危机升级，对希腊、对欧盟、对整个世界经济都产生严重的后果。"

案例思考：

1. 衡量民主优劣的标准是什么？
2. 中国式民主的优势在哪？

案例解读：

形式民主和实质民主

民主，是指人民所享有的参与国家事务和社会事务管理或对国事自由发表意见的权利。在现实生活中，民主常常成为一个大箩筐，各种似是而非的观点都往里装。民主制度是不是市场经济的必然结果？怎么看待西方打造的"民主"？这是非常值得我们思考的问题。那么，一种民主制度好或不好，该由什么来评判？中国社科院马克思主义研究院院长邓纯东认为，关键要看这种民主制度是否有利于国家统一、疆域巩固、人民生活水平的提高等。这是最终的价值判断标准①。邓小平同志曾指出：我们评价一个国家的政治体制、政治结构和政策是否正确，关键看三条：第一是看国家的政局是否稳定；第二是看能否增进人民的团结，改善人民的生活；第三是看生产力能否得到持

① 参见《民主制度的好坏该由什么来评判》，中国青年网，2017－03－28。

续发展①。因此，评判民主的好坏标准不在于民主的形式，而在于民主的实质。

游历过100多个国家的张维为教授认为，西方的“多党制加一人一票”不是真正的民主，只是“形式民主”。它与实质民主没有必然的关系：形式可能反映实质，也可能不反映实质，但形式不等于实质。我们应该破除对西方民主的迷信。世界上不存在一个适用所有时代、所有国家的通用的民主制度。一个非西方国家和社会一味照搬西方民主模式，采用“形式民主”的模式，只会引发“水土不服”的问题：要么从希望到失望，像乌克兰；要么从希望到绝望，像伊拉克。

世界上不存在什么最完美的民主制度，只有适合自身的民主制度。中国清醒地认识到，民主并非只有一个模式，并非抽象的虚无的，而是具体的实际的。中国民主政治建设对中国模式进行“量身定制”，在历史车轮滚滚向前的路上不断尝试与改进，基于中国国情的“民主之花”璀璨绽放，中国式民主优势不断彰显。

中国式民主的优势，在于扎根于群众生活之中的人民民主、实质民主。与西方民主的利益集团政治不同，中国式民主政治形成的共识不是各利益集团讨价还价、相互妥协的结果，而是代表全国人民最根本利益的共识。不同于西方“大多数居民在通常的平静的局势下都被排斥在社会政治生活之外”的形式主义民主，中国式民主通过选举民主、协商民主、自治民主等多种形式，使民主在各个层面的工作领域都得到了比较切实的落实，确保人民的民主权利得到最大限度的实现。

中国式民主的优势，在于符合中国国情及由此形成的高水平治理绩效。中国特色社会主义民主，包括决策效率高且能够集中力量办大事的政治决策体制、广泛且有序的公民政治参与、选贤任能的干部选拔机制、密切联系并代表最广大人民利益的群众路线，与西方民主国家盛行的“党争政治”“否决政治”“金钱政治”“明星政治”“政治冷漠”等政治奇观和衰败景象形成了鲜明对比。

中华人民共和国成立70多年来，尤其是改革开放40多年以来，我国经

① 《邓小平文选》第3卷，第213页，北京：人民出版社，1994。

济社会发展取得了举世瞩目的辉煌成就。这充分证明，我们的政治制度经得起历史的考验、经得起现实的考验、经得起人民的考验，我们走出了一条独特的、充满活力的中国式民主政治道路。

案例三 “颜色革命”的启示

案例内容：

“颜色革命”的新特征①

“颜色革命”，主要是指21世纪以来一系列由美国为首的西方势力策划发动的，由国内反对派组织实施的，以建立亲西方政权为目的的政权更迭事件。

进入21世纪以来，在西方国家的策动下，世界上已经发生了三个波次的“颜色革命”：第一个波次是“中亚波”；第二个波次是“西亚北非波”；第三个波次是“远东波”。需要指出的是，无论是“中亚波”，还是“西亚北非波”，每一轮“颜色革命”都指向特定国家。第一波次是俄罗斯，第二波次是伊朗，第三波次则是中国。美国前国务卿希拉里曾放言，要把“阿拉伯之春”引入中国。因为从中亚、西亚北非的“颜色革命”中尝到了甜头，所以美国等西方国家已经将“颜色革命”作为其优先的战略选项和长期坚持的战略手段。在美国积极推动亚太“再平衡”战略的背景下，以“颜色革命”的手段阻挠、阻碍中国发展必然会成为其战略选项之一。

近几年，美国在助推“颜色革命”方面除了用“老套路”，也搞“新花样”。

一是从借助街头政治力量转向直接扶植反对派上台。美国一方面继续采用老办法，通过支持代理人、发动街头政治运动来推翻对象国政权；另一方面赤裸裸地直接粗暴破坏对象国宪法秩序和民主程序，意在直接实现政权更迭目标。比如，置委内瑞拉宪政程序于不顾，直接承认反对派领导人为“临

① 参见阚道远：《“颜色革命”的新趋势新特征及其政治影响——兼论防范重大政治安全和意识形态风险》，《思想理论教育导刊》，2019(07)。

时总统”。

二是从利用内部矛盾转向加大制裁力度，刻意制造社会混乱。美国已失去等待和利用内部矛盾发酵的耐心，试图通过加大制裁力度、给目标国制造困难、阻止其局势好转，来促使其政权更迭。比如，对俄罗斯、伊朗和委内瑞拉等。

三是从自己竭力助推转向联合多国施压促变。美国在自己导演多国“颜色革命”的同时，召集、拉拢甚至恫吓其他国家与其组成“统一战线”，加大对目标国政府的孤立和制裁，以多国联合行动确保“颜色革命”成功。

四是从网络动员转向深挖网络功能，最大限度利用网络煽动“颜色革命”。美国不满足于通过网络进行负面宣传、帮助反对派动员串联和提供培训等老办法，重点加强对互联网政治功能的“深度挖掘”。比如，搜集和掌握目标国社会心理和舆论动向，帮助反对派及时调整策略、改进战术；设立相关网站，使反对派能够直接通过网站注册登录、联系并获得支持。

“颜色革命”的政治影响

埃及：在“阿拉伯之春”中，埃及穆巴拉克政权被推翻，取而代之的是通过“一人一票”选举竞争上台的穆斯林兄弟会。然而，在阶层分化严重、海外干涉加剧的背景下，穆斯林兄弟会很难民主施政、协调各派政治势力，又因为实行强硬的“伊斯兰化”政策触犯了中产阶层和西方在埃及的利益，其后被美国支持的军人政变推翻，上演了一幕幕“民主神话”的闹剧，社会出现一次次动荡和冲突，只能由埃及人民吞咽政治恶果。

乌克兰：2004 年，尤先科在乌克兰发动“橙色革命”夺取政权，其亲西方政策遭到国内强烈反对，执政基础并不巩固。2010 年上台的亚努科维奇奉行与俄罗斯靠拢的政策，西方国家再次煽动“街头政治”支持反对派，导致乌克兰政权轮替，政局更加混乱。西方国家和俄罗斯借机在乌克兰展开角力，继而爆发持久的国内冲突和克里米亚事件，造成了国家分裂和数万人伤亡的悲剧。

泰国、格鲁吉亚等国家：民主选举下的党争异常严重，否决政治盛行，政治内耗持续，背负了沉重的政治负担，经济社会运行成本大大增加，逐渐消磨了发展的后劲。

案例思考：

1. 如何认识“颜色革命”的成因及危害？
2. 面对“颜色革命”，我们该如何应对？

案例解读：

“颜色革命”：一场虚伪的政治阴谋

表面来看，“颜色革命”似乎是一个国家内部民意的反映，但实际上，“颜色革命”并没有美国宣传的那般“美丽”“和平”“非暴力”，其本质是赤裸裸的颠覆渗透行为和“和平演变”翻版，是一场披着“自由”“民主”外衣的政治阴谋，往往导致持久的社会对立和动荡。对此必须有清醒的认识。

第一，“颜色革命”意在颠覆一个国家的政治制度，实现西方化、美国化。美国鼓吹的“颜色革命”绝不仅仅是政权改朝换代，而是对一国政治制度进行重大改造和重塑。而这种改造和重塑的核心要义是：一定要奉美国政治模式为圭臬，一定要全盘接受“普世价值”。

第二，“颜色革命”导致政治动荡、社会动乱、人民流离失所。按照“颜色革命”理论和西方鼓吹的论调，似乎通过“颜色革命”实现了所谓的“民主化”“自由选举”“一人一票”，移植和嫁接了西方政治模式之后，和平繁荣稳定的社会局面就会“自动到来”。但实际情况却恰恰相反，多国的实践一再印证，从“颜色革命”开始，经历政权更迭、社会冲突、经济崩溃，终以生灵涂炭、人道主义灾难收场。

第三，“颜色革命”严重阻碍经济社会发展和现代化进程。一方面，“颜色革命”看似更换了执政团队、实现了政治改造，实则留下了诸多政治后遗症，埋下了重大政治隐患。另一方面，通过“颜色革命”上台的政治代理人唯西方马首是瞻，丧失了独立自主发展的意愿和能力，在政治上依附西方，在经济上被西方殖民，被跨国资本剥削控制，沦为西方发达国家原材料基地和初级加工基地，始终在全球生产链底端徘徊，难以摆脱被宰割的命运，实现国家现代化遥遥无期。

虽然我国是社会主义国家，与东亚、中亚等国家的政权在性质上有着本质的区别，但是这些国家先后爆发的“颜色革命”对我国现阶段的社会主义建设尤其是意识形态领域的建设工作依然有一定的警示作用。如何防范“颜色革命”，抵制西方文化霸权，防止西方的和平演变和颠覆，是现阶段各个国家面临的共同任务。

一要不断弘扬斗争精神，时刻做好斗争准备，着力提高斗争本领。一方面，要充分认识斗争的长期性、复杂性、艰巨性，不能讳言斗争，更不能惧怕与“颜色革命”和敌对势力斗争。另一方面，要强化实践锻炼，提高斗争本领，磨砺斗争方法、策略和艺术。

二要加大思想政治工作力度，不遗余力做好青年思想教育工作。高度重视青年一代的思想政治工作，完善思想政治工作体系，不断创新思想政治工作内容和形式，教育引导广大青年形成正确的世界观、人生观、价值观，增强中国特色社会主义道路、理论、制度、文化自信，确保青年一代成为社会主义建设者和接班人。深入揭露“颜色革命”的本质和危害，坚决廓清部分青年人对“颜色革命”的一厢情愿和错误幻想。

三要创新网络治理体系，加强舆论引导和主流舆论建设。要从党和国家生死存亡、社会主义事业兴衰成败的高度重视网络治理，科学认识网络传播规律，提高用网治网水平，维护意识形态安全和政权安全，使互联网这个“大变量”变成事业发展的“大增量”；加快建立网络综合治理体系，推行依法治网；持续巩固壮大网络主流舆论，加大舆论引导力度。

案例四　新冠肺炎疫情大考的“民生卷”

案例内容：

2020 年春节发生的新冠肺炎疫情，是自 1949 年以来传播速度最快、感染范围最广、防控难度最大的一次重大突发公共卫生事件。“面对突发疫情侵袭，中国把人民生命安全和身体健康放在第一位，统筹疫情防控和医疗救治，采取最全面、最严格、最彻底的防控措施，前所未有地采取大规模隔离措施，前所未有地调集全国资源开展大规模医疗救治，不遗漏一个感染者，不放弃每一位病患，实现‘应收尽收、应治尽治、应检尽检、应隔尽隔’，遏制了疫情大面积蔓延，改变了病毒传播的危险进程。”① 我们党以一系列迅捷有力、细致温暖的保民生、保生产举措，答好疫情大考的“民生卷”。

医疗保障方面：“实施患者免费救治。及时预拨疫情防控资金，确保患者不因费用问题影响就医，确保各地不因资金问题影响医疗救治和疫情防控。截至5月31日，全国各级财政共安排疫情防控资金1624亿元。及时调整医保政策，明确确诊和疑似患者医疗保障政策，对确诊和疑似患者实行‘先救治，后结算’。对新冠肺炎患者（包括确诊和疑似患者）发生的医疗费用，在基本医保、大病保险、医疗救助等按规定支付后，个人负担部分由财政给予补助。异地就医医保支付的费用由就医地医保部门先行垫付。截至5月31日，全国确诊住院患者结算人数5.8万人次，总医疗费用13.5亿元，确诊患者人均医疗费用约2.3万元。其中，重症患者人均治疗费用超过15万元，一些危重症患者治疗费用几十万元甚至上百万元，全部由国家承担。”②

生活物资保障：“离汉通道关闭后，武汉市近千万人居家隔离，每天需要消耗大量的粮食、蔬菜、肉蛋奶。加强联动协调，建立央地协同、政企联动的9省联保联供协作和500家应急保供企业调运机制，加大粮油供应力度，投放中央冷冻猪肉储备，提升蔬菜大省产品供应能力，组织紧急物资运输队伍，全力保障湖北省特别是武汉市居民生活必需品的生产、库存、供应和价格稳定。1月27日至3月19日，全国通过铁路、公路、水运、民航、邮政快递等运输方式向湖北地区运送防疫物资和生活物资92.88万吨，运送电煤、燃油等生产物资148.7万吨，煤、电、油、气、热等能源供应充足，保障了湖北省武汉市社会正常运转和隔离措施顺利实施。”③

基于国家宏观调控和惩处措施的执行到位，未出现商家因疫情实行大面积涨价的现象。2月8日，全国36个大中城市米面油零售价格与节前基本持平，猪肉价格小幅上涨后趋稳，鸡蛋价格稳中趋降，15种蔬菜价格相较于

---

① 中华人民共和国国务院新闻办公室：《抗击新冠肺炎疫情的中国行动》，《人民日报》，2020-06-08。

② 中华人民共和国国务院新闻办公室：《抗击新冠肺炎疫情的中国行动》，《人民日报》，2020-06-08。

③ 中华人民共和国国务院新闻办公室：《抗击新冠肺炎疫情的中国行动》，《人民日报》，2020-06-08。

1 月 30 日高点回落了 10 个百分点。从后期看，全国及武汉市等重点地区重要生活物资供应有保障，价格总体平稳。

针对武汉、黄冈、孝感等地住宅小区严格封闭管理、要求居民非必需不得外出等新情况，各级政府部门和企业采取代购集配、线上采购、定点直供等多种方式，千方百计保证了居民的基本生活需求，并发动机关干部和志愿者下沉到社区参与配送工作。武汉 7 个中心城区，通过商超组织社区团购配送的社区达到 741 个，覆盖率在 80% 左右。

交通运输方面：新冠肺炎疫情发生后，铁路部门先后五次出台免费退票和延长退票时限的措施，满足旅客变更行程的需要。发布通知，自 2020 年 2 月 28 日起，进一步优化电子客票退票手续。对于已领取报销凭证的电子客票或使用现金购买的电子客票，旅客可先行在网上办理退票，再于 180 天内到任一车站完成退款等相关手续。

经国务院同意，各地交通运输主管部门和收费公路经营管理单位先后两次延长小型客车重大节假日免费通行政策；开通了防疫应急运输“绿色通道”，对运送应急物资和人员的车辆实施免费并优先便捷通行的政策；将重要生活、生产物资运输纳入应急运输管理并同步优先免费通行；出台了政府组织的农民工包车免费通行政策；继续执行鲜活农产品运输“绿色通道”政策；根据疫情防控工作需要，铁路、公路、水路交通工具的上座率控制在 50% 以下；2020 年 2 月 17 日零时起至疫情防控工作结束，全国收费公路免收车辆通行费。

就业方面：针对隔离期间工资怎么发、停工停产期间待遇如何计算等涉及群众切身利益的问题，人社部发布通知明确，企业应向隔离治疗期间不能提供正常劳动的职工支付工作报酬，不能随意解除劳动合同。企业停工停产在一个工资支付周期内的，按劳动合同标准支付工资。超过一个周期的，若职工提供了正常劳动，企业支付工资不得低于当地最低工资标准；若职工未提供正常劳动的，应按当地标准发放生活费。

针对疫情在短期内对就业的冲击和带来的不利影响，“密集制定出台多项政策，为企业特别是中小企业和个体工商户减负纾困，实施减费降税，增加财政补贴，加大金融支持，减负稳岗扩就业，优化政府服务。各地方及时制定实施细则，将疫情防控、公共事业运行、群众生活必需等领域的 1 万多家企业列为重点，通过租用专车、专列、包机等方式‘点对点’‘一站式’帮助农民工返岗，并从个人防护物资、人流、物流等方面为企业复工提供全方位服务。针对公共交通运输、餐饮、住宿、旅游、体育、娱乐等受疫情影响较大的行业，采取免征增值税等税收优惠政策。阶段性减免企业社保费，缓缴住房公积金，免收公路通行费，降低企业用电用气价格，减轻小微企业和个体工商户房租负担。”①

案例思考：

1. 为什么疫情发生后突出重视保障和改善民生工作？
2. 疫情防控中为什么如此重视稳就业？

案例解读：

抗疫情　惠民生　暖人心

做好疫情下的民生保障，体现了以人民为中心的发展理念。生命重于泰山，人民利益高于一切，生命安全和身体健康是人民群众最基本的需求。在疫情发生后，党中央高度重视，把人民群众生命安全和身体健康放在第一位。习近平总书记第一时间做出重要指示，要求“各级党组织和广大党员干部必须牢记人民利益高于一切，不忘初心、牢记使命，团结带领广大人民群众坚决贯彻落实党中央决策部署，全面贯彻坚定信心、同舟共济、科学防治、精准施策的要求，让党旗在防控疫情斗争第一线高高飘扬”。② 在党中央号召下，医疗卫生战线党组织及党员率先坚定勇敢地站在抗击疫情最前沿，各级机关企事业单位、基层党组织及党员干部积极行动，落实守土有责、守土担责、守土尽责。做到哪里有疫情、有人民群众，哪里就有党组织坚强有力的领导，哪里就有冲锋陷阵的共产党员。

做好疫情下的民生保障，体现了党和政府的应变能力和行政效率。新冠

① 中华人民共和国国务院新闻办公室：《抗击新冠肺炎疫情的中国行动》，《人民日报》，2020-06-08。

② 《团结带领广大人民群众坚决贯彻落实党中央决策部署 紧紧依靠人民群众坚决打赢疫情防控阻击战》，《人民日报》，2020-01-28。

肺炎疫情产生以来，习近平总书记亲自部署、亲自指挥，多次召开会议、多次听取汇报、做出重要指示，急促的时间刻度清晰记录下一个成熟的政党对人民的负责。指挥机构高效运转、统筹安排快速响应，频密发布的号令清晰记录下一个强有力的政府对生命的尊重。实践证明，中央对疫情形势的判断是准确的，各项工作部署是及时的，采取的举措是有效的。防控工作取得的成效，再次彰显中国共产党领导和中国特色社会主义制度的显著优势。

民生连着民心，民生凝聚人心。疫情之下的民生保障，是最大的政治、最暖的民生。只有聚焦战“疫”中群众重点关切的患者医治、生活物资保障、就业等问题，急人民之所急，想人民群众之所想，事事做到群众心坎上，人心才安定，才能进一步汇聚民心，凝聚起打赢疫情防控阻击战的信心和力量。

习近平总书记指出，就业是最大的民生工程、民心工程、根基工程，是社会稳定的重要保障，必须抓紧抓实抓好。只有在疫情防控中精准实施稳就业措施，才能更好实现疫情防控和经济社会发展目标的双胜利。

从国内层面看，在短期，只有在疫情防控中实现了稳就业，才能够稳定民心，才能更好地依靠人民创造的各类资源，为打赢疫情防控阻击战提供战略保障；在中期，只有实现了稳就业，才能保证经济社会的动态循环系统有序运转，最大限度减少并弥补此次疫情对经济社会发展造成的损失，为更快恢复经济社会发展创造条件；在长期，只有实现稳就业，才能为今后经济社会的高质量发展奠定坚实的基础，为实现“两个一百年”奋斗目标，实现中华民族伟大复兴的中国梦提供有力支撑。

从国际层面看，只有中国实现了稳就业，才能发挥全球产品市场的稳定器作用。当前，中国制造业在世界中的份额已连续多年位居第一，中国很多产业已经深度融入全球产业网络，成为全球产业链条上的关键节点。中国各行各业能否稳就业直接决定了全球产品供给的稳定，相应产业能否稳就业直接决定了全球产业链的完整性与安全性。

案例五　跨越半世纪，“枫桥经验”为何能够历久弥新？

案例内容：

2003 年 11 月，时任浙江省委书记的习近平同志在浙江纪念毛泽东同志批示“枫桥经验”40 周年大会上明确提出，要牢固树立“发展是硬道理、稳定是硬任务”的政治意识，充分珍惜“枫桥经验”，大力推广“枫桥经验”，不断创新“枫桥经验”，切实维护社会稳定。五十多年来特别是党的十八大以来，各地在继承的基础上创新，在积累的基础上深化，推动“枫桥经验”落地生根，从乡村“枫桥经验”衍生出城镇社区“枫桥经验”、海上“枫桥经验”、网上“枫桥经验”，从社会治安领域扩展到经济、政治、文化、社会、生态等领域。

材料一　守护平安的“红枫居”①

“枫桥经验”的发源地——浙江省诸暨市枫桥镇，有个紧靠工业园区的陈家村。这里交通便捷，常住人口不过 3700 多人，却冒出了 540 多间出租房，吸引了 1900 多名外来务工人员居住于此。

“消防隐患整改难、社会治安防控难、流动人口管理难，这是出租房日常管理的‘三难’。”陈家村的村干部介绍，传统的出租房在消防设施、生活设施、卫生设施上都很不完善，周边的环境也很差，村民的意见很大。

为了消除安全隐患、确保平安，2019 年，枫桥镇推出了将出租房纳入旅馆式管理的“红枫居”——统一回收，统一改造，统一出租，统一分配收入。

在陈家村水门路上，原来的 10 间闲置老旧房屋，共涉及 5 户房东。有了“红枫居”，现在这些闲置农房由村里的经济合作社统一回收，以 1 间每年 3000 元左右的价格与农户达成 5 年的租房协议，然后投入资金进行标准化改造，变为 22 个独立标准房间再对外出租。

“跟以前租的房子相比，现在安全多了。”颜先生是“红枫居”的租户之

---

① 参见张璁：《“枫桥”是座连心桥》，《人民日报》，2019－12－25。

一，他的房间里不仅统一配备安装了智慧用电装置、火灾报警器和消防“四件套”，镇上、村里还会经常来巡查，发现隐患就地整改。

流动人口中的党员及乐于参加社会公益活动的志愿者组织起来，组建了“枫桥新居民”先锋队，协助派出所维护辖区社会治安，参与矛盾调解。陈家村还成立了“红枫居”党支部，引导外来人员积极参加党组织生活、文化活动、志愿者活动，让新居民参与村集体活动，可以更好地融入当地。

材料二　“红帆”携“渔嫂”①

“我们船上离合器异常，开不了了！”在海上作业的“浙岱渔04850”发出紧急求援信号，离它最近的“浙岱渔03422”在40多海里之外，而且自身存在主机冷却水温度偏高的问题，正准备返航避风和维修。

“我先赶过去。”经过5个多小时航行，“浙岱渔03422”赶至事发海域，拖带“浙岱渔04850”回港。

“浙岱渔03422”船老大范波海是“瀛洲红帆”船老大。2017年，舟山岱山县衢山镇以部分渔业社区村为试点推行“瀛洲红帆”，“红帆”船只需在环境保护、矛盾调处、抢险救灾等方面履行义务，同时也享有部分渔业管理信任授权、各类船用设备优先保障权等优惠政策。

截至目前，“瀛洲红帆”船已从最初20艘发展到40艘，开展抢险救灾8次，带领其他渔船开展抢险救灾67次，处理矛盾纠纷102件，组织安全生产自查累计65次，有力保障了海上生命和财产安全。

在舟山，不仅海上有“瀛洲红帆”船，陆上还有“东海渔嫂”护家园，渔嫂禁毒宣传队、渔嫂文体队、渔嫂互助服务队等自治组织，将渔嫂们拧成一股绳，在基层社会治理的各方面发挥着积极作用。舟山市探索出的“海上枫桥”新模式，有效破解了诸多海上管理难题，确保了百姓生命财产安全。

材料三　马背上的办证窗口②

在平均海拔5200米的藏北高原上，西藏安多县公安局扎仁镇派出所开设了一个“VIP服务窗口”。说是“VIP”，其实就是一本普通的花名册，上面

① 参见《“枫桥经验”在舟山：由陆至海破解海上治理难》，新华网，2019-02-01。
② 张璁：《“枫桥”是座连心桥》，《人民日报》，2019-12-25。

登记的是辖区630位“老弱病残孕”人员。只要他们有办业务的需求，就可享受“上门服务”。这可不简单，在地广人稀的高原，民警们为了上门都得骑马。久而久之，“马背上的窗口”渐渐叫开了。

扎仁镇的其美占堆老人的户籍出了点问题，导致享受不了扶贫政策。可他家距离派出所近70千米，他又患病在身、行动不便，一时犯了难。一个电话打到扎仁镇派出所，民警顿拉带着笔记本电脑、照相机、补光灯等设备驾车前往。没想到，这一路异常“坎坷”：开出了50千米，前方的沼泽挡住了去路，顿拉向附近牧户租借了马匹继续前行；走到离其美占堆家还有10千米时，连马匹也无法正常通行，顿拉只能背上设备徒步行进。经过近12个小时的行程，顿拉才到达了其美占堆家，为老人采集了个人信息。临走那一刻，其美占堆老人将顿拉紧紧拥在怀里。顿拉加急办完老人的户籍业务，再次踏上70千米艰难行程——他还要把证件送到老人手上。

2019年以来，扎仁镇派出所共上门发放各类证件500余人次，民警的足迹踏遍了辖区1.6万平方千米，汽车、摩托车、骑马、步行等各种交通方式轮番上阵，总里程达到10万千米。

材料四　群众有了“微邻里”市长热线不再“热”①

“有居民在网格群聊中留言，请查看处理。”2018年8月29日，武汉市武昌区水果湖街东亭社区党委副书记、社区网格员张忻欣的手机上收到“武汉微邻里”发来的提醒信息。

轻触手机屏幕，张忻欣进入“武汉微邻里”，发现她负责的网格内居民陈雯发的消息：15号楼墙角有建筑垃圾，请帮忙处理。张忻欣迅速回复陈雯，联系同在“武汉微邻里”的街道城管中队负责人安排处理。

“武汉微邻里”建立起一个网格一个微信群二维码的服务管理体系，居民扫描二维码通过实名认证即可进入所在的网格群，社区网格员拥有群主权限。

“武汉微邻里”还提供各部门在街道为民办证入口，社区律师、社区民警、城管、工商、食药监、房管等行政资源，青少年空间、4点半学校、夏

① 参见《网上枫桥经验的武汉实践》，人民网，2018－11－05。

令营、微心愿等社会组织、志愿服务团队等力量亦实名入驻，以期打造“掌心里的便民平台、指尖上的贴心服务”。

案例思考：

1. 如何理解“枫桥经验”是新时代基层治理的“金字招牌”？
2. 在新时代如何坚持和发展“枫桥经验”？

案例解读：

“枫桥”是座连心桥

党的十九届四中全会明确提出“坚持和发展新时代‘枫桥经验’”的要求。从化解纠纷到社会治理，从浙江探索到全国推广，“枫桥经验”走过了数十载却历久弥新，“枫桥”已经化为一座连接党心民心的连心桥。

实践充分证明，“枫桥经验”是党领导人民创造的一整套行之有效的社会治理方案，是新时代基层治理的“金字招牌”。“枫桥经验”之所以历久弥新、富有活力，最关键在于始终依靠党的领导这一最大优势，始终坚守人民至上这一不变初心，始终弘扬改革创新这一时代精神。

始终把人民放在心中最高的位置。人民立场和群众观点是马克思主义者的基本立场和根本方法。“枫桥经验”一路走来，为了人民、依靠人民是其永恒的生命线。“枫桥经验”的核心就是相信和依靠人民群众解决基层问题。舟山的“海上枫桥”模式则充分体现了坚持以人民为主体，依靠群众、组织群众、发动群众，让群众成为基层社会治理的最大受益者、最广参与者、最终评判者。只有充分调动广大人民群众的积极性和主动性，才能够集中群众智慧推动基层创造性开展工作和解决问题，才能够把问题解决在萌芽状态，才能够汇聚起共同创造美好生活的磅礴力量。

牢牢把握以问题为导向的思想方法。纵观人类发展历史，一切发展进步无不是在破解时代问题中实现的。进入新时代，我国社会主要矛盾发生历史性变化，已经转化为人民日益增长的美好生活需要和不平衡不充分的发展之间的矛盾。人民日益增长的美好生活需要是动态、渐进、多层次和多方面的，人民群众在社会治理、平安建设等方面呈现新需求。因此，在新时代，要结合实际，与时俱进地丰富和发展“枫桥经验”。党的十八大以来，“枫桥经验”从传统乡村治理向城镇、社区治理延伸，在流动人口服务管理、特殊群体服务管理、环境治理、农村土地经营权流转、企业治理和网络治理方面等均有新的实践和经验。像枫桥镇的“红枫居”、西藏扎仁镇派出所开设的“VIP 服务窗口”，就是在流动人口服务管理、特殊群体服务管理方面做出的新探索。

正确处理创新与机遇的关系。“枫桥经验”的生命力在于创新。“枫桥经验”坚持的基本立场和群众路线的根本方法具有恒久性的价值。但是，随着时代发展，其具体实现手段和内容也要与时俱进。互联网、大数据、智能化等信息技术把人类带入到信息时代，为基层社会治理提供了新机遇，这要求我们创新和发展“枫桥经验”，充分发挥信息网络的作用，集中群众的意见、建议、智慧，同时发挥信息化、高效化、智能化和便利性的优势，把“脚板走访”与“网络对话”有机结合起来，为党和政府了解民意、体察民情、化解民忧提供新渠道，为群众实现自我管理、自我服务提供新平台。

习近平总书记关于坚持创新发展“枫桥经验”的新理念新思想新战略，是推进基层社会治理现代化的根本遵循。我们要以习近平新时代中国特色社会主义思想为指引，坚定不移走中国特色社会主义治理之路，坚持创新发展新时代“枫桥经验”，加快推进基层社会治理现代化，努力建设更高水平的平安中国，不断增强人民群众的获得感、幸福感、安全感。

案例六　库布齐驯沙记①

案例内容：

库布齐沙漠，中国第七大沙漠，地处鄂尔多斯高原北部，总面积约 1.86 万平方千米，距北京直线距离仅 800 千米。中华人民共和国成立之初，库布齐沙漠每年向黄河岸边推进数十米，流入黄河的泥沙有数亿吨，直接威胁着塞外粮仓的河套平原和母亲河的安危。如今经过三十多年的整体治理，当年黄沙漫卷的死亡之海生长出了几乎 8 个新加坡国土面积的广阔绿洲，还有几

① 参见中国治沙 70 年专题纪录片《驯沙记——中国方案》。

十万个绿色富民的就业岗位。

一度死寂的沙海，如今绿进沙退，生机勃发，“库布齐”声名远扬。2017年7月，习近平总书记在致第六届库布齐国际沙漠论坛的贺信中指出：中国历来高度重视荒漠化防治工作，取得了显著成就，为推进美丽中国建设做出了积极贡献，为国际社会治理生态环境提供了中国经验。库布齐治沙就是其中的成功实践。然而，对沙漠进行有效治理的库布齐模式到底是怎样形成的呢？

1988年，28岁的王文彪成了内蒙古自治区鄂尔多斯市杭锦旗盐厂厂长，他的盐厂就在库布齐沙漠边上。盐厂距离火车站的直线距离只有60千米，却要绕道沙漠走300千米才能到达。因为交通不便，产品运不出去，利润都消耗在了路上，企业处于破产边缘。万般无奈之下，王文彪和他的团队决定，在沙漠里修一条连接市场的公路。“当初的企业必须走这条路，不走这条路走不下去，所以这叫作‘背’沙一战，逼着你在沙漠中既要绿水青山，同时怎样创造金山银山，我觉得这个是很重要的。”王文彪这样说。企业生存的压力迫使王文彪不得不直面库布齐的治沙问题。

1997年，王文彪带领员工与政府组建的千人治沙队一道开进库布齐。要在沙漠里修出一条路来，必须配套大规模人工种树、种草工程，用绿化带牢牢锁定道路两边的沙丘，防止风沙对道路的吞噬，就是这条路开启了王文彪长达30年的沙漠治理历程，也让库布齐模式从一开始就和市场化力量紧密相连。1999年，库布齐沙漠腹地第一条穿沙公路正式建成通车。这条65千米长的穿沙公路打通了沙漠与外部世界的通道，改变了无数沙区群众的命运，也贡献了一个由政府、企业和社会协同奋斗治沙的中国模式。

甘草既是药材，也能固沙改进土壤品质。王文彪的企业提供甘草种苗和种植技术服务，农牧民负责提供沙漠土地和种植管护，甘草3年成熟后，由企业负责回购，加工成高附加值的中药饮品和成药，这种甘草治沙改土扶贫的产业模式，让很多沙区农牧民摆脱了生活贫困。王文彪说：“在做生态的时候，一定要考虑到经济问题，也就是说一定把握一个产业与生态的结合，或者是说如何把握生态和生计的结合。这是沙漠生态环境修复的核心智慧。”生态、民生、经济的平衡驱动，创造了300多亿元的沙漠生态经济产业，提供就业机会100多万人次，10万农牧民脱贫增收，让沙漠负资产变成地区经济发展的绿色资产。

库布齐沙漠的4月，迎来了湿润的东南季风，最适合种树的季节到了。30年前修通的那条穿沙公路，两旁早已郁郁葱葱，布满了沙柳和灌草。要有效治理库布齐沙漠，除了需要愚公移山的治沙精神，还要有治沙技术的更新换代。10秒钟种活一棵树，而且成活率在90%以上，这项技术名为“水冲种树”法，它解决了在高大流动沙丘上种树的难题，是王文彪团队发明的治沙技术之一。在库布齐，多家企业一道与沙漠斗智斗勇，他们创下了“气流法”植树、“甘草平移”栽种等一百多项沙漠生态技术，创新了“豆科植物大混交植物固氮改土”等100多种“沙漠生态工艺包”，构成了库布齐治沙的核心驱动力。

“谁造谁有，长期不变，允许继承和转让，所以这样一下子就调动起了社会各界的积极性。”鄂尔多斯林业和草原局韩玉飞局长说。党委政府政策性主导、企业产业化经营、农牧民市场化参与、科技持续化创新，库布齐以绿色发展理论为指导，打造出了沙漠绿化为基础的生态修复、生态农牧业、生态健康、生态旅游、生态光伏、生态工业等融合发展的生态产业综合体系。它蕴藏着这样的中国智慧：治沙并不意味着完全消除沙漠，而是维护生态平衡，走出一条生态、民生与经济平衡驱动的新路，实现人沙和谐。

荒漠化是严重的全球性生态问题。库布齐作为世界唯一被整体治理的沙漠，成功创建了联合国认可并写入决议的库布齐沙漠治理模式，在全球荒漠化治理中树起了一座丰碑。今天，库布齐沙漠治理模式已走出库布齐，走向“一带一路”沿线国家，在东南亚国家开展森林退化地带的生态修复，与上合组织国家讨论甘草治沙扶贫，与蒙古国共商荒漠化治理。库布齐沙漠治理模式已经把构建人类命运共同体的思想带给世界，为全球生态文明建设和可持续发展贡献着中国智慧和中国方案，成为中国走向世界的一张“绿色名片”。

案例思考：

1. 如何看待“党委政府政策性主导、企业产业化经营、农牧民市场化参与、科技持续化创新”的库布齐沙漠治理模式？

2. 库布齐可以为我们提供怎样的治沙理念？

案例解读：

“绿水青山就是金山银山”生态理念的经典样本

在长期沙漠治理过程中，库布齐人探索出“党委政府政策性主导、企业产业化经营、农牧民市场化参与、科技持续化创新”四轮驱动的库布齐沙漠治理模式。这样的治理模式，突破了以往单纯靠政府投入的传统思维，创造性地引入市场运作和利益共享机制，推进政府、企业、社会三方合作。这正是党的十九大报告中“政府为主导、企业为主体、社会组织和公众共同参与的环境治理体系”的生动实践，是一条生态建设与经济发展并重、治沙与治穷共赢的中国特色荒漠化防治道路。

党的坚强领导和政府主导推动是根本保证。党的十八大以来，党中央把生态文明建设纳入“五位一体”总体布局和“四个全面”战略布局，生态文明理念深入人心，库布齐沙漠治理发生历史性、转折性、全局性变化。多年来，内蒙古自治区各级党委政府坚决贯彻中央的决策部署，高度重视防沙治沙工作，组织和领导广大企业、人民群众同风沙进行不懈斗争，一届接着一届干，这为库布齐治沙模式的形成提供了坚强保证。

以企业为主体的“产业生态化、生态产业化”的生态经济体系是核心支撑。生态环境问题归根到底是经济发展方式问题。库布齐沙漠治理始终坚持产业生态化和生态产业化，让企业在生态治理中形成可持续的商业模式和盈利模式，有效解决了“钱从哪里来”“利从哪里得”“如何可持续”的问题。

农牧民的市场化参与是强大动力。库布齐沙漠治理始终坚持生态惠民理念，将治沙与治贫相结合，建立多方位、多渠道利益联结机制，鼓励引导广大农牧民通过植树造林、发展特色种植养殖项目等渠道，融入治沙和生态产业链条，实现在治沙中致富、在致富中治沙。尝到甜头的群众成为库布齐治沙事业最广泛的参与者、最坚定的支持者和最大的受益者。

持续的科技创新是不竭源泉。沙漠变沃野，靠的是尊重自然、科学治沙、持续创新。从最初的点片治沙到现在的系统化治理，从传统植树到气流植树，从人工种植到无人机种植，30 多年来，库布齐人探索出一整套科学成熟的治沙方案，为绿色产业、生态产业发展奠定了坚实基础。

库布齐人在沙漠里付出了30年的心血与汗水，随着实践的丰富，认识也在深化。经历了从下定治沙决心到客观辩证认识沙漠的思想演变，给我们提供了宝贵的治沙理念。

第一层次：真诚面对沙漠的辩证思维。库布齐人看沙漠，完全摆脱了静止的、片面的、孤立的思维方式。他们认为，沙漠可惧也可亲，有害也有利，灾害肆虐与资源禀赋并存，严酷挑战与发展机遇并存。识沙的新思维，让他们不仅鼓足了勇气，而且义无反顾、一以贯之，终于战出了一片绿色，走出了无奈，迎来了成功，成就了一番吸引全球目光的事业。

第二层次：综合治理沙漠的全局观念。库布齐人把治沙看作是一个系统工程，只有综合治理，才能实现沙漠经济的平衡发展，打造出一个个有综合效益的经济体。

第三层次：开拓创新的进取理念。库布齐人30年艰苦奋斗的历程，就是一部防沙、治沙、亲沙的创新史。已办七届的库布齐国际沙漠论坛每次都有治沙理论的最新成果，引领国际治沙新思维、新步伐。所有这些，都显示着库布齐人的新思路、新举措，有关革新、出新、更新、刷新的话题，始终是鄂尔多斯市整个沙区的主旋律。

难点解惑

1. 何谓供给侧结构性改革？为何要进行供给侧改革？①

答："供给侧"与"需求侧"相对应。需求侧有投资、消费、出口三驾马车，三驾马车决定短期经济增长率。供给侧有劳动力、土地、资本、创新四大要素，四大要素在充分配置条件下所实现的增长率即中长期潜在经济增长率。而结构性改革旨在调整经济结构，使要素实现最优配置，提升经济增长的质量和数量。

以往的经济改革侧重于需求端，长期以来，总是偏好于用增加投资的刺激政策来保持高增长率，近些年副作用变得越来越明显。如2008年金融危机时中国政府采取的四万亿救市政策，虽然在短时间内稳定住了中国经济，但

① 参见吴敬琏等著：《供给侧改革——经济转型重塑中国布局》，5－8页，北京：中国文史出版社，2016。

同时也存在不少问题。

一是投资回报递减规律作用充分显现出来。

如图1显示：2009年实施4万亿元投资和10万亿元贷款的强刺激后，很快把GDP增长率拉升了3～4个百分点。从2009年第四季度到2010年第一季度甚至连续3个季度达到10%以上，然后开始掉头向下。之后几乎每年都会出台一些保增长的刺激措施，刺激力度不弱，但效果却每况愈下，回升的时效愈来愈短。从2011年到2015年，GDP增长率分别为9.2%、7.8%、7.7%、7.4%。

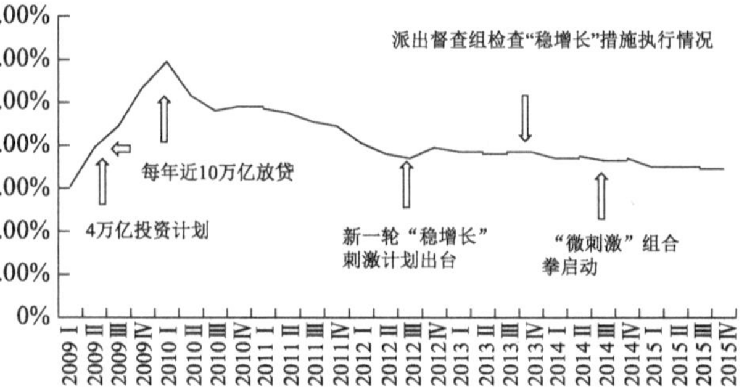

图1　GDP季度同比增长率（2009—2015）

数据来源：国家统计局网站、新华网。

二是债务的过度增加和杠杆率的迅速升高，风险加速积累。投资刺激意味着投入更多的资源，但如果没有足够的资源，那么只能靠发行货币和用其他方式借债。这就使我国国民资产负债表的杠杆率（负债总额对一年GDP总额的比率）上升得很快。

从图2看到，从2000年到2007年，中国国民资产负债表的杠杆率虽然有所上升，但是速度不快。之后就猛然加速。到了2014年，总杠杆率已经超过了公认的警戒线，达到283%的高位。其中居于首位的是企业债务，非金融企业的杠杆率高达125%，远超欧盟90%的红线，容易出现企业资金链断裂的风潮。发生系统性风险的可能性增大，因此不能再走靠盲目投资拉动增长的老路。

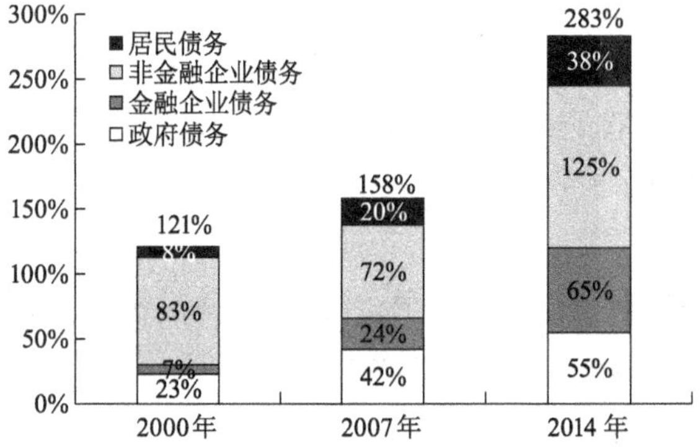

来源：Mckinley Global Institute. *Dedt and* (*not much*) *Deleveraging*，2015年2月

图2　杠杆率（债务对GDP比率）加速提高

如上分析，依靠传统需求端要素的驱动模式已难以为继，必须“着力加强供给侧结构性改革，着力提高供给体系质量和效率，增强经济持续增长动力，推动我国社会生产力水平实现整体跃升”①。

从供给侧视角观察，经济活动总量（Y）是由劳动力总量（L）、资本总量（K）和效率水平（A，即TFP）等三个基本因素决定的，也就是说，增长有三个基本的动力：劳动力增量、资本增量和全要素生产率（TFP）的提高。以往在分析供给增长的驱动因素时，通常聚焦于新增劳动力和新增资本这两个因素，单纯增加资源使用量L和K，而忽视了全要素生产率这一重要因素，是一种“外延性数量增长”。外延性增长不可持续，一来资源是有限的，二是因为资本的边际效益抵减，容易陷入“中等收入陷阱”。

因此，当前强调供给侧，是强调在资源总量保持不变的基础上通过提高技术（A）的进步达到“基于效率的内生增长”。如著名经济学家库兹涅茨所言，现代经济增长的重要动力，是“基于科学的技术的广泛运用”。由于人类认识世界和认识经济的能力是无限的，技术创新永无止境，即使资本和劳动的数量不变，A的进步也有望驱动和保持经济的增长。

2. 如何正确理解坚持党的领导、人民当家作主和依法治国的有机统一？②

---

① 习近平：《在中央财经领导小组第十一次会议上的讲话》，《人民日报》，2015-11-11。

② 《党的十九大报告学习辅导百问》，106-108页，北京：党建读物出版社、学习出版社，2017。

答：党的领导是人民当家作主和依法治国的根本保证，人民当家作主是社会主义民主政治的本质特征，依法治国是党领导人民治理国家的基本方式，三者统一于我国社会主义民主政治伟大实践。

第一，党的领导是人民当家作主和依法治国的根本保证。在我国政治工作生活中，党居于领导地位。党政军民学，东西南北中，党是领导一切的。我们党是领导中国特色社会主义事业的执政党，党的执政地位是通过党对国家政权机关的领导来实现的，党的先锋队性质是通过自身的先进性、纯洁性和支持人民当家作主来体现的。没有党的坚强领导，就不可能把广大群众的积极性、主动性、创造性充分调动起来，也就不可能形成统一意志，不仅发展社会主义民主无从谈起，而且势必出现一盘散沙甚至动荡不安的局面。在我国，管理国家和社会各项事务，包括发展社会主义民主政治、建设社会主义法治国家，都必须毫不动摇地坚持党的领导。只有这样，才能保证我国社会主义民主政治的正确发展方向，才能使依法治国有可靠的政治保证。

第二，人民当家作主是社会主义民主政治的本质特征。我们党除了代表人民根本利益，没有自己特殊的利益，全心全意为人民服务是我们党的根本宗旨。我们强调坚持党的领导，目的是要在党的坚强领导下可持续地不断实现好、维护好、发展好人民的根本利益，包括实现和保障人民当家作主的民主权利。在我国，人民当家作主不是一句空话，而是已经体现在国家和社会生活的方方面面，落实到我国的人民代表大会制度、中国共产党领导的多党合作和政治协商制度、民族区域自治制度、基层群众自治制度等各项制度安排之中。这既是我国社会主义民主政治的本质，也是我国社会主义民主与资本主义民主的本质区别。因此，发展社会主义民主政治，必须始终牢记马克思主义群众观点，坚持以人民为中心的发展思想，着眼于一切相信群众、一切依靠群众、一切为了群众，以健全的制度体系保证人民当家作主。

第三，依法治国是党领导人民治理国家的基本方式。在我国，党的领导方式和执政方式是通过党的领导体制来实现的，集中反映在党、国家和人民的定位及相互关系之中。在民主政治实践中，既要加强党的领导，也要改进党的领导方式和执政方式，推进国家治理体系和治理能力现代化。之所以说依法治国是党领导人民治理国家的基本方式，一方面体现在，依法治国的实质是要依照宪法和法律来治理国家、管理社会事务，人民在党的领导下通过最高国家权力机关即全国人民代表大会及其常委会制定宪法和法律，运用宪法和法律来治理国家、管理社会事务，实现当家作主的民主权利。另一方面体现在，党领导人民制定宪法和法律，党的各级组织和全体党员干部又必须带头在宪法和法律范围内活动，模范遵守宪法和法律，尤其是各级领导干部要增强民主法治观念，自觉接受人民群众的监督。

第四，三者统一于我国社会主义民主政治伟大实践。把这三者统一于我国社会主义民主政治伟大实践，是中国共产党人的伟大创造。我们要不断改进党的领导方式和执政方式，保证党领导人民有效治理国家；要扩大人民有序政治参与，保证人民依法实行民主选举、民主协商、民主决策、民主管理、民主监督；要维护国家法制统一、尊严、权威，加强人权法治保障，保障人民依法享有广泛权利和自由。我们完全有信心、有能力把我国社会主义民主政治的优势和特点充分发挥出来，为人类政治文明进步做出充满中国智慧的积极贡献。

3. 如何正确理解保障和改善民生要抓住人民最关心最直接最现实的利益问题①？

答：第一，保障和改善民生要抓住人民最关心最直接最现实的利益问题，切实贯彻了以人民为中心的发展思想。我们党的根本宗旨是全心全意为人民服务，必须始终把人民利益摆在至高无上的地位，坚持立党为公、执政为民，为最广大人民谋利益，这是党和国家各项事业的出发点和落脚点，也是检验党的一切工作的最高标准。强调保障和改善民生要抓住人民最关心最直接最现实的利益问题，就是把以人民为中心的发展思想落到实处，把人民群众的小事当作我们党的大事，从人民群众关心的事情做起，从让人民群众满意的事情做起。

第二，保障和改善民生要抓住人民最关心最直接最现实的利益问题，紧扣我国社会主要矛盾变化所产生的现实需要。在经济发展基础上逐步提高人民物质文化生活水平，是改革开放和建设中国特色社会主义的根本目的。随着经济社会发展，人民生活水平迈上新的台阶，对改善民生的期待也逐渐增强。人民对美好生活的需要日益多样化、多层次、多方面，不仅对物质文化

① 《十九大报告学习问答》，中国共产党新闻网，2017－11－17。

生活提出更高要求，而且在民主、法治、公平、正义、安全、环境等方面的要求日益增长。因此，保障和改善民生要抓住人民最关心最直接最现实的利益问题，就要正确把握和顺应我国社会主要矛盾变化，着力解决好发展不平衡不充分问题，大力提升发展质量和效益，更好推动人的全面发展、社会全面进步。

第三，保障和改善民生要抓住人民最关心最直接最现实的利益问题，是实现“两个一百年”奋斗目标的必然要求。党的十八大以来，人民生活水平不断提高，为建党100年时如期全面建成小康社会打下坚实基础。全面小康能否得到人民认可、经得起历史检验，很大程度上与民生保障和改善紧密相关。在全面建成小康社会的基础上，要乘势而上开辟全面建设社会主义现代化国家新征程，让人民享有更加幸福安康的生活，全体人民共同富裕基本实现。因此，强调保障和改善民生要抓住人民最关心最直接最现实的利益问题，就是始终坚持发展为了人民、发展依靠人民、发展成果由人民共享，一件事情接着一件事情办，一年接着一年干，为如期实现“两个一百年”奋斗目标，实现中华民族伟大复兴的中国梦而持续奋斗、接力奋斗、不懈奋斗。

学习金句

一、建设现代化经济体系

高质量发展，就是能够很好满足人民日益增长的美好生活需要的发展，是体现新发展理念的发展，是创新成为第一发展动力、协调成为内生特点、绿色成为普遍形态、开放成为必由之路、共享成为根本目的的发展。

——《习近平在中央经济会议上的讲话》（2017年12月18日），《习近平谈治国理政》（第三卷），外文出版社2020年版，第238页

推动高质量发展，就是要建设现代化经济体系，这是我国发展的战略目标。实现这一战略目标，必须牢牢把握高质量发展的要求，坚持质量第一、效益优先；牢牢把握工作主线，坚定推进供给侧结构性改革；牢牢把握基本路径，推动质量变革、效率变革、动力变革；牢牢把握着力点，加快建设实体经济、科技创新、现代金融、人力资源协同发展的产业体系；牢牢把握制

度保障，构建市场体制有效、微观主体有活力、宏观调控有度的经济体制。

——《习近平在中央经济会议上的讲话》（2017 年 12 月 18 日），《习近平谈治国理政》（第三卷），外文出版社 2020 年版，第 239 页

我国经济由高速增长阶段转向高质量发展阶段，对区域协调发展提出了新的要求。不能简单要求各地区在经济发展上达到同一水平，而是要根据各地区的条件，走合理分工、优化发展的路子。要形成几个能够带动全国高质量发展的新动力源，特别是京津冀、长三角、珠三角三大地区，以及一些重要城市群。不平衡是普遍的，要在发展中促进相对平衡。这是区域协调发展的辩证法。

——《习近平在中央财经委员会第五次会议上的讲话》（2019 年 8 月 26 日），《习近平谈治国理政》（第三卷），外文出版社 2020 年版，第 271 页

二、发展社会主义民主政治

党中央决定对宪法进行适当修改是经过反复考虑、综合方方面面情况做出的，目的是在保持宪法连续性、稳定性、权威性的前提下，通过修改使我国宪法更好体现人民意志，更好体现中国特色社会主义制度的优势，更好适应提高中国共产党长期执政能力、推进全面依法治国、推进国家治理体系和治理能力现代化的要求，为新时代坚持和发展中国特色社会主义提供宪法保障。

——《习近平在中共十九届二中全会第二次全体会议上的讲话》（2018 年 1 月 19 日），《习近平谈治国理政》（第三卷），外文出版社 2020 年版，第 281 页

实现民主政治的形式是丰富多彩的，不能拘泥于刻板的模式。实践充分证明，中国式民主在中国行得通、很管用。新形势下，我们必须把人民政协制度坚持好、把人民政协事业发展好，增强开展统一战线工作的责任担当，把更多的人团结在党的周围。

——《习近平在中央政协工作会议暨庆祝中国人民政治协商会议成立 70

周年大会上的讲话》（2019 年 9 月 20 日），《习近平谈治国理政》（第三卷），外文出版社 2020 年版，第 294 页

三、推动社会主义文化繁荣兴盛

建设具有强大凝聚力和引领力的社会主义意识形态，是全党特别是宣传思想战线必须担负起的一个战略任务。要做好做强马克思主义宣传教育工作，特别是要在学懂弄通做实新时代中国特色社会主义思想上下功夫。

——《习近平在全国宣传思想工作会议上的讲话》（2018 年 8 月 21 日），《习近平谈治国理政》（第三卷），外文出版社 2020 年版，第 312 页

办好思想政治理论课，最根本的是要全面贯彻党的教育方针，解决好培养什么人、怎样培养人、为谁培养人这个根本问题。

——《习近平在学校思想政治理论课教师座谈会上的讲话》（2019 年 3 月 18 日），《习近平谈治国理政》（第三卷），外文出版社 2020 年版，第 328 页

我们办中国特色社会主义教育，就是要理直气壮开好思政课，用新时代中国特色社会主义思想铸魂育人，引导学员增强中国特色社会主义道路自信、理论自信、制度自信、文化自信，厚植爱国主义情怀，把爱国情、强国志、报国行自觉融入坚持和发展中国特色社会主义事业、建设社会主义现代化强国、实现中华民族伟大复兴的奋斗之中。

——《习近平在学校思想政治理论课教师座谈会上的讲话》（2019 年 3 月 18 日），《习近平谈治国理政》（第三卷），外文出版社 2020 年版，第 329 页

四、坚持在发展中保障和改善民生

民生工作离老百姓最近，同老百姓生活最密切。要持之以恒把民生工作抓好，发扬“钉钉子精神”，有坚持不懈的韧劲，推出的每件事都要一抓到

底，一件事情接着一件事情办，一年接着一年干，锲而不舍向前走，做到件件有着落、事事有回音，让群众看到变化、得到实惠。

——《习近平在参加第十二届全国人民代表大会第三次会议吉林代表团审议时的讲话》（2015 年 3 月 9 日），《习近平谈治国理政》（第二卷），外文出版社 2017 年版，第 361 页

厕所问题不是小事情，是城乡文明建设的重要方面，不但景区、城市要抓，农村也要抓，要把这项工作作为乡村振兴战略的一项具体工作来推进，努力补齐这块影响群众生活品质的短板。

——习近平就旅游系统推进“厕所革命”工作取得成效作出的指示（2017 年 11 月），《习近平谈治国理政》（第三卷），外文出版社 2020 年版，第 341 页

“快递小哥”工作很辛苦，起早贪黑、风雨无阻，越是节假日越忙碌，像勤劳的小蜜蜂，是最辛勤的劳动者，为大家生活带来了便利。要坚持就业优先战略，把解决人民群众就业问题放在更加突出的位置，努力创造更多就业岗位。

——《习近平春节前夕在北京看望慰问基层干部群众时的讲话》（2019 年 2 月 1 日），《习近平谈治国理政》（第三卷），外文出版社 2020 年版，第 344 页

实行垃圾分类，关系广大人民群众生活环境，关系节约使用资源，也是社会文明水平的一个重要体现。

——习近平对垃圾分类工作做出的指示（2019 年 6 月），《习近平谈治国理政》（第三卷），外文出版社 2020 年版，第 345 页

五、建设美丽中国

把解决突出生态环境问题作为民生优先领域。有利于百姓的事再小也要做，危害百姓的事再小也要除。打好污染防治攻坚战，就要打几场标志性的

重大战役，集中力量攻克老百姓身边的突出生态环境问题。

——《习近平在全国生态环境保护大会上的讲话》（2018 年 5 月 18 日），《习近平谈治国理政》（第三卷），外文出版社 2020 年版，第 368 页

“取之有度，用之有节”，是生态文明的真谛。我们要倡导简约适度、绿色低碳的生活方式，拒绝奢华和浪费，形成文明健康的生活风尚。要倡导环保意识、生态意识，构建全社会共同参与的环境治理体系，让生态环保思想成为社会生活中的主流文化。要倡导尊重自然、爱护自然的绿色价值观念，让天蓝地绿水清深入人心，形成深刻的人文情怀。

——习近平：《共谋绿色生活，共建美丽家园》（2019 年 4 月 28 日），《习近平谈治国理政》（第三卷），外文出版社 2020 年版，第 375 页

第三专题 协调推进“四个全面”战略布局

学习目的

以习近平同志为核心的党中央不断深化对党的执政规律、社会主义建设规律、人类社会发展规律的认识，高瞻远瞩地提出“四个全面”战略布局，标志着我们党引领民族复兴进入新的发展阶段，治国理政达到新的时代高度。本专题旨在引导学员立足治国理政的顶层设计，深刻认识“四个全面”战略布局是新的时代条件下推进改革和现代化建设、坚持和发展中国特色社会主义的战略抉择；深刻领悟“四个全面”强调要坚定道路自信、理论自信、制度自信、文化自信；深刻认清和协调推进“四个全面”战略布局是当前与今后相当长一段时间全党全国各族人民的一项重大政治任务，要以“钉钉子”的精神深入落实这一战略布局，勇于改革创新，勇于迎难而上，勇于担当尽责，不断交出新时代坚持和发展中国特色社会主义的合格答卷。

核心问题

1. 如何深刻理解习近平总书记提出的“加快科技创新是顺利开启全面建设社会主义现代化国家新征程的需要”①？

2. 如何理解中国经济体制改革的核心问题？

3. 在新时代，如何让法治精神深入人心，让公平正义普惠人民？

4. 为什么说勇于自我革命是中国共产党最鲜明的品格？

---

① 习近平：《在科学家座谈会上的讲话》，《人民日报》，2020－09－12。

案例一　为全面建设社会主义现代化国家汇聚科技力量

案例内容：

材料一　“奋斗者”号，了不起①

2020年11月28日，“奋斗者”号完成万米深潜海试任务并顺利返航。“奋斗者”号起航以来，在马里亚纳海沟完成13次下潜，其中8次突破万米，创造10909米的中国载人深潜新纪录……不断刷新的数字背后，是抗压、控制、通信、浮力等多个关键领域的技术攻关，体现着我国自主研发深海装备技术的突破和进步。

外观酷似一条绿色大头鱼的“奋斗者”号，是国际上首次可以同时搭载3人下潜的万米载人潜水器。本领如此高超，要归功于它有着一颗强大的“中国心”，在多个关键技术和重要材料领域，拥有很高的国产化程度，核心部件国产化率超过96.5%。

抗高压

新型钛合金材料制成宽敞而结实的载人舱

潜入万米海底，首先要攻克的难关就是巨大的水压。被称为“地球第四极”的马里亚纳海沟，完全黑暗、温度极低，是地球上环境最恶劣的区域之一。1万米深处的海沟，水压接近1100个大气压，相当于2000头非洲象踩在一个人的背上。“奋斗者”号如何做到不惧高压极端环境，在万米海底自由行走的？

关键在于载人舱。载人舱是全海深载人潜水器的核心关键部件，是人类进入万米深海的硬件保障和安全屏障，也标志着一个国家载人潜水器的技术水平。

“奋斗者”号的载人舱呈球形，能够同时容纳3名潜航员。此前，也有国外深潜器依靠球形载人舱成功挑战了万米重压，但舱体空间仅能容纳1到2人，无法搭载更多的人和设备。为了让“奋斗者”号的载人舱体既宽敞又

---

① 吴月辉：《“奋斗者”号，了不起》，《人民日报》，2020－11－30。

结实，还足够灵巧轻盈，科研人员没少费心思。

中科院金属研究所研究员、全海深载人潜水器载人舱项目负责人杨锐说："载人舱作为整个潜水器里规格最大的一个耐压容器，制作材料十分特殊，其成败直接关系着整个潜水器的成败。"

在万米海深的极端压力条件下，按照"奋斗者"号的目标尺寸和厚度要求，以往深潜器使用的材料都已不能达标，需要找到一种高强度、高韧性、可焊接的钛合金。"国际上没有制造先例，也找不到国外厂家生产，唯一的出路就只有我们自己造。"杨锐说。

于是，中科院金属研究所联合国内多家企业和研究所，组建起全海深钛合金载人舱研制"国家队"，经过一系列调研论证、研究实验，攻克了载人舱材料、成型、焊接等一系列关键技术瓶颈。杨锐说："我们独创的新型钛合金材料 Ti62A 成功解决了载人舱材料所面临的强度、韧性和可焊性等难题。"

操控准

先进控制系统实现高精度航行控制

深海一片漆黑，地形环境高度复杂，"奋斗者"号要避免"触礁"风险，得依靠控制系统的精准指挥。

为此，中科院沈阳自动化研究所的科研人员，针对深渊复杂环境下大惯量载体多自由度航行操控、系统安全可靠运行等技术难题进行了攻关，让"奋斗者"号的控制系统实现了基于数据与模型预测的在线智能故障诊断、基于在线控制分配的容错控制及海底自主避碰等功能。

中科院沈阳自动化研究所研究员、"奋斗者"号副总设计师赵洋说："我们设计的神经网络优化算法，能够让'奋斗者'号在海底自动匹配地形巡航、定点航行及悬停定位。其中，水平面和垂直面航行控制性能指标，达到国际先进水平。"

此外，研究人员还为"奋斗者"号装上了一双高度灵活且有力的"手"。"潜水器使用了我们研发的两套主从伺服液压机械手开展万米作业，每套手有 7 个关节，可实现 6 自由度运动控制，持重能力超过 60 公斤，能够覆盖采样篮及前部作业区域，具有强大的作业能力。"中科院沈阳自动化研究所水下机器人研究室副主任张奇峰说。凭借这双"手"，"奋斗者"号顺利完成了岩石、生物抓取及沉积物取样器操作等精准作业任务，填补了我国应用全海深液压机械手开展万米作业的空白。

“千里耳”

水声通信系统助万米海底声像实时传输

“亲爱的观众们，万米的海底妙不可言，希望我们能够通过‘奋斗者’号的画面向大家展示万米的海底。”2020 年 11 月 10 日 8 时 12 分，“奋斗者”号成功坐底马里亚纳海沟，3 名潜航员第一时间通过水声通信系统分享了心情。

作为“奋斗者”号与母船“探索一号”之间沟通的唯一桥梁，这套水声通信系统实现了潜水器从万米海底至海面母船的文字、语音及图像的实时传输。相较于前两代的“蛟龙”号与“深海勇士”号载人潜水器，“奋斗者”号的声学系统实现了完全国产化。这个系统由中科院声学研究所牵头研制。

除了传递声音和影像，声学系统还能帮助“奋斗者”号在万米海底精确作业。比如，由声学多普勒测速仪和定位声呐及惯性导航等设备集成的组合导航系统，为巡航作业提供了高精度的水下定位导航。“在 11 月 16 日的下潜作业中，借助组合导航系统和声呐设备，潜航员仅用半小时便成功取回了此前布放在万米海底的 3 个水下取样器，实现了‘海底捞针’，并通过水声通信机将取样画面回传至母船。”作为此次“奋斗者”号的潜航员之一，中科院声学研究所高级工程师刘烨瑶对此次作业印象深刻，“‘奋斗者’号的声学系统，突破了全海深难关，为全海深范围内的持续巡航作业提供了可靠的技术保障。”

浮力强

固体浮力材料让深潜器顺利返回水面

“奋斗者”号既要“下得去”，也得“回得来”，而顺利返回水面的关键是固体浮力材料。

固体浮力材料的作用是为潜水器顺利下潜和安全上浮提供保障，其性能直接关系到潜水器与潜航员的安全，也是众多深海科学考察装备及实现海洋资源开发的核心材料。然而，由于高性能固体浮力材料制备技术难度大，仅有少数几个国家掌握。

在缺少文献和经验借鉴的情况下，中科院理化技术研究所牵头开始了万米级浮力材料自主攻关。“国际上不乏由于浮力材料开裂塌陷等原因，导致水下装备丢失和报废的事故，‘奋斗者’号要满足反复深潜，技术难度可想而知。”中科院理化技术研究所研究员张敬杰介绍，“核心技术问题就是要解决材料的密度与强度的协同关系，也就是说既要密度低又要耐高水压。”

在前期多年技术积累的基础上，科研人员采用具有自主知识产权的软化学制备技术，在短时间内研制出了固体浮力材料的核心原材料，实现了我国浮力材料研究的关键技术突破。随后，经过一系列配方调试和工艺优化，制备出了具有高安全系数的万米级固体浮力材料并进行了批量化生产，解决了长期以来国产固体浮力材料强度差密度高的技术难题。

材料二　38 万公里外的中国红①

2020 年 12 月 3 日 23 点 10 分，嫦娥五号上升器月面点火，3000 牛发动机工作约 6 分钟后，顺利将携带月壤的上升器送入预定环月轨道，实现我国首次地外天体起飞。

点火起飞前，嫦娥五号着陆器上升器组合体实现月面国旗展开，这是我国在月球表面首次实现国旗“独立展示”。回传影像显示，在阳光照耀下，“中国红”格外鲜艳。

这是亮相月球的第一面“织物版”五星红旗。2013 年 12 月，嫦娥三号探月，嫦娥着陆器和玉兔月球车互相拍照，月球车“胸前”的五星红旗格外夺目。不过，那时还是“喷涂版”。这一次，嫦娥五号这面“织物版”五星红旗是一面真正的旗帜。

五星红旗能在月球上独立展示，主要依靠月面国旗展示系统辅助。该系统由月面国旗、压紧释放装置、展开机构三部分组成，长约半米。系统在折叠状态下随探测器升空，着陆月球后按照指令解锁打开。

宇宙中电磁辐射强，月表环境恶劣，温差可达正负 150 摄氏度，这就决定了普通五星红旗无法胜任。从 2011 年国旗展示系统开始预研立项到 2020 年成功实现“自拍”，其中凝聚着研制团队将近十年的智慧付出。

---

① 参见《“织物版”五星红旗首次在月球成功展示，怎么做到的?》，观察者网，2020－12－04。

选材花费时间超过 1 年

一面旗不大，科技含量却很高。如何确保五星红旗展开时拥有足够强度且保持平整？研制团队围绕这一问题做了很多理论研究和模拟试验。他们在研究中发现，虽然有些纤维材料的强度很高，但染色性能较差，染色性能较好的纤维材料，强度又达不到要求，因此，单一纤维和纺织工艺都无法满足月面环境的要求。同时，还要保证国旗卷起时在正负 150 摄氏度温差环境下不能粘连在一起。

国旗展示系统技术负责人范开春表示，科研团队在选材上花费的时间就超过 1 年，联合武汉纺织大学最终挑选出了二三十种纤维材料，然后通过做包括热匹配性、耐高低温、防静电、防月球尘埃等在内的物理试验，科研团队最终决定采用某新型复合材料，既能满足强度要求，又能满足染色性能要求，从而保证国旗能够抵御月表恶劣的环境，做到不褪色、不串色、不变形。

整个系统重量控制在 1 公斤

嫦娥五号国旗平面运动系统的重量只有 1 公斤。研制团队围绕整个系统在减重问题上下了大量功夫，不仅材料要轻质化，还要对设备进行“瘦身”。月表恶劣的温差环境，也对国旗展示系统的工艺设计、集成设计提出了很高要求。

国旗展示系统立项时，研制团队先后论证过采用四级杆、三级杆和二级杆来作为国旗杆的方案，但考虑到复杂性和重量等原因，最终选择使用二级杆的方式来呈现。

国旗展示系统项目负责人李云峰表示：“我们之所以采用杆系结构方案，是因为它在航天系统里算比较成熟的技术，包括卫星、飞船等航天器的太阳能电池帆板展开，使用的都是杆系结构，其目的就是保证可靠性。”

另外，为了控制整个国旗展示系统的重量，研制团队还对结构进行了优化设计，在选取耐高温、抗严寒材料的基础上尽量将支架臂做薄、做小。

国旗展示系统使用的支架结构在空间环境中要承受冷热交变、空间辐照、极低真空等恶劣环境考验，如果选材不当，可能会发生冷焊（即两块接触金属在太空极低真空环境下会粘连在一起），由此带来的问题是机械结构不能正常工作或打开。

李云峰表示：“为了解决冷焊问题，我们对系统所有的机构和关键位置都进行了防冷焊处理，以保证部件能满足太空环境和月表对温度的要求。可以说，我们为了将国旗展示系统的重量控制在 1 公斤，整个研制团队做出了不懈努力。”

多种试验确保机构成功开展

保证可靠性是整个国旗展示系统的第一任务，整套系统涉及解锁、支架展开、支架固定等步骤，如果支架无法在月球上成功展开，一切都将前功尽弃。

李云峰表示：“每一个动作都要确保工作正常，而且这一系列动作都必须在 1 秒钟内完成。所以，我们的工作是责任重大、使命光荣。”

火工品是整个国旗展示系统中最基础的一环，如果它无法起爆解锁，后续动作就无从谈起。因此，负责机构解锁的火工品爆炸装置成为关键。

副主任设计师程昌表示，国旗展示系统使用的火工品在国内同等用途和功能中属于最小之一。小，意味着它对环境适应性十分敏感，稍有不慎就可能失效，尤其是面对月球恶劣的温差环境，更需要保证地面给它指令时就能成功起爆。

面对这一难题，研制团队通过将火工品放在零下 200 摄氏度左右的液氮罐里和高温环境下进行了几十次试验，模拟它在月球极大温差环境下能否正常使用。

案例思考：

1. 如何正确理解党的十九届五中全会突出强调“坚持创新在我国现代化建设全局中的核心地位”？

2. “科技自立自强”主要体现在哪些方面？它何以成为国家发展的战略支撑？

案例解读：

把科技自立自强作为国家发展的战略支撑

“可上九天揽月，可下五洋捉鳖”是我国几代科学家的梦想。2020 年 11 月 24 日，嫦娥五号成功发射；2020 年 11 月 28 日，“奋斗者”号全海深载人潜水器成功完成万米海试并胜利返航。不到一周时间里，两项航天、深海领域的重大科技创新项目相继实现、珠辉玉映，成为我国广大科研工作者勇攀科技高峰，为全面建设社会主义现代化国家而努力奋斗的有力见证。

我国历来高度重视科技进步和创新对国家发展的支撑作用。从“科学技术是第一生产力”到“经济建设必须依靠科学技术、科学技术工作必须面向经济建设”的“两个必须”，再到党的十八大作出了实施创新驱动发展战略的重大部署。党的十八大以来，以习近平同志为核心的党中央更是高度重视科技创新工作，把创新作为引领发展的第一动力。“十三五”规划强调“必须把创新摆在国家发展全局的核心位置”，推动我国科技实力实现从量的积累迈向质的飞跃，从点的突破迈向系统能力的提升。党的十九届五中全会则根据我国发展环境深刻复杂变化和进入新发展阶段的新要求，进一步提出“坚持创新在我国现代化建设全局中的核心地位”，这既体现我们党对科技创新一以贯之的高度重视，又赋予科技创新核心地位新的时代内涵。

首先，在应对百年未有之大变局中，科技创新是我国赢得主动的关键变量。当今世界，以大数据、物联网、人工智能等为核心的新一轮科技革命和产业变革迅猛发展，正在重塑各国经济竞争力消长和全球竞争格局，也为我国打开了进入国际科技前沿地带的机会窗口。得益于改革开放40多年来科技创新能力的大幅提升，我国在一些领域实现了从“跟跑”到“并跑”甚至“领跑”，为加快建设科技强国创造了条件。与此同时，我国也面临个别西方国家技术封锁的挑战。个别国家为保持科技竞争优势、控制国际竞争的制高点，不惜成本和代价对我国进行科技围堵和打压，企图遏制我国的科技进步，延缓我国现代化进程。面对百年未有之大变局，我们要在日趋激烈的竞争中赢得主动，就必须把科技创新摆在更加重要的位置，实现科技自立自强，唯有如此，才能在危机中育先机、于变局中开新局。

其次，在我国现代化建设全局中，科技创新具有比以往更重要的核心作用。在完成全面建成小康社会目标任务后，我们要乘势而上，开启全面建设社会主义现代化国家新征程。如果说，创新在实现第一个百年奋斗目标中发挥了重要作用的话，那么，在实现第二个百年奋斗目标的历史进程中，创新对发展全局的核心作用将更加凸显。只有把现代化建设的基点放在创新上，加快建设世界科技强国，增强原始创新能力，强化基础理论研究和关键核心技术攻关，努力实现更多“从 0 到 1”的突破，塑造发展新优势，才能不断开创现代化建设新局面。

再者，在加快构建新发展格局中，科技创新是畅通国内国际双循环的重要环节。构建以国内大循环为主体、国内国际双循环相互促进的新发展格局，就要发挥科技创新的关键作用，提高供给体系质量和水平，保障产业链供应链安全稳定，打破关键核心技术受制于人的局面，构建安全可控的技术供给体系。可以说，“十四五”时期比以往任何时候都更加需要科技创新解决方案。只有把科技创新放在更加重要的位置，促进创新链与产业链深度融合，才能增强产业链供应链稳定性和竞争力，畅通国内大循环，推动形成国内国际双循环相互促进的新发展格局。

建设社会主义现代化强国需要长久发展，安全是国家持久发展的前提，而国家安全又需要自立自强的科技支撑。如果科技不能自立自强，关键核心技术受制于人，那么产业安全、国家安全、国防安全都会存在风险，在关键时刻技术可能会被他国封锁、经济会被遏制和打压，重要产业将难以持续健康发展，国家也难以发展。

科技自立是指国家能够独立发明创造，并且足以支撑本国的经济社会持续发展。科技自强是指能够独立研究关键核心技术，开发重要装备，建设重大工程。“自立”体现了自主创新，实现产业链供应链的自主、安全、可控；“自强”则强调了提升科技创新的质量，实现更高质量、更高效率的创新。关键核心技术是国之重器、国际竞争的撒手锏，是要不来、买不来、讨不来的，只能依靠本国科研力量自主研发。这就要求我们增强自主创新能力，提升原始创新能力，发挥社会主义集中力量办大事的制度优势，建立举国攻克关键核心技术的研发体制，努力在关键核心领域实现可持续发展，增强我国科技创新应对外部冲击的韧性。

案例二　优化营商环境改革永远在路上

案例内容：

2019 年 10 月 24 日，世界银行在美国华盛顿发布了《全球营商环境报告 2020》，引发各界广泛关注。这份营商环境报告显示，由于大力推进改革开放，中国营商环境全球排名继2018年从78位跃至46位后，2019年再度提升，升至第31位，连续两年入列全球优化营商环境改善幅度最大的十大经济体。

材料一　深圳“秒批”企业登记①

“24小时在线申报”“申请人无须窗口排队”“审批时限由一天大幅压缩至几十秒内”……2019年9月20日，在深圳市企业登记“秒批”新闻发布会上发布了“秒批”系统，深圳市瀚威生物科技有限公司获发营业执照，这是深圳开出的首张“秒批”企业营业执照。

据深圳市场监管局负责人介绍，此次上线的企业登记“秒批”系统具有5个亮点。一是审批效率高。企业登记申请提交后，系统依照规则自动审核，符合条件即予“秒批”，审批时限由一天大幅压缩至几十秒钟。二是覆盖范围广。首批“秒批”企业经营范围包含销售、餐饮、高新技术、文化创意等11大类400个小类，覆盖90%以上常见企业经营项目。三是办事体验好。系统提供24小时在线申报，申请人无须窗口排队，即时可知结果；全程无人工干预，减少人为裁量因素，确保一视同仁、标准统一；可选择邮寄发照或下载电子执照，实现办照“零跑腿”。四是登记质量高。综合运用大数据、人工智能等技术，无缝对接企业地址和名称信息、法人和自然人信用信息等数据库，有效防范虚假地址、虚假身份注册和恶意注册等行为。五是“登”“管”有效联动。强化事中事后监管，对“秒批”登记的企业关键信息进行质量检查，发现存在违法违规情形即予以纠正或撤销；同时，对接社区网格组织实地核查，及时发现和打击冒用地址等违法行为。

材料二　特斯拉超级工厂落地上海②

2019年1月初，特斯拉首家海外工厂在上海正式开工建设。这一超级工厂是上海迄今为止最大的外资制造业项目，预计总投资高达500亿元。在完成建设运营后，年产能将达50万辆纯电动整车。

特斯拉独资建设的超级工厂能够落户上海，得益于2018年7月28日施

① 参见《深圳开出首张“秒批”企业营业执照》，深圳新闻网，2019-09-19。
② 参见《特斯拉首家海外超级工厂上海开工》，新浪财经网，2019-01-08。

行的《外商投资准入特别管理措施（负面清单）（2018年版）》，它放开了新能源汽车整车制造外资股比限制，外资被允许独资在华设立企业。特斯拉是上海落实国家部署，加快取消汽车制造行业外资股比限制以后的第一个项目，从签约到土地摘牌，再到正式启动开工，只用了半年左右的时间。特斯拉首席执行官马斯克由此慨叹：中国的发展速度和办事效率令人印象深刻，很难想象能在如此短的时间内完成开设一个汽车工厂的全部程序。

材料三　广西发出《外商投资法》实施后首张外资企业营业执照①

2019年1月8日上午，广西自由贸易试验区西澳达商务有限公司在南宁市民中心获颁营业执照，这是《中华人民共和国外商投资法》（简称《外商投资法》）正式实施后，广西颁发的首张外资企业营业执照。

《外商投资法》以法律形式确立了准入前国民待遇加负面清单管理制度，让企业享受到了真正的“国民待遇”，外商投资准入更加便利化。如申请人可以直接到市场监管部门进行设立、变更登记，不需要到商务部门进行审批或备案，这对吸引外资起到积极作用。

“7号下午提交材料，8号就收到了营业执照。”广西自由贸易试验区西澳达商务有限公司法人桂嘉璐说，“太惊喜了，没想到这么快就领到营业执照了。”

随着中国开放步伐不断加快，一系列高水平的对外开放举措推动营商环境改善。《外商投资法》及《实施条例》的实施，将推动外资领域“放管服”改革迈出实质性步伐，为外商投资准入营造更稳定、便利、自由的投资环境。

案例思考：

1. 经济体制改革的核心问题是什么？

2. 如何理解习近平总书记提出的“以优化营商环境为基础全面深化改革”？

---

① 参见《广西发出<外商投资法>实施后首张外资企业营业执照》，新华网，2020-01-08。

案例解读:

中国强化“无形之手”助力中国经济行稳致远

党的十八大报告指出:“经济体制改革的核心问题是处理好政府和市场的关系。”所谓政府和市场的关系,实际上就是在资源配置中市场起决定性作用,还是政府起决定性作用的问题。经济要发展,有赖于提高资源配置效率。理论和实践都证明,市场配置资源是行之有效的方式。党的十八届三中全会通过的《中共中央关于全面深化改革若干重大问题的决定》就明确提出要“紧紧围绕使市场在资源配置中起决定性作用深化经济体制改革”。十八大以来,中国强化市场“无形之手”,始终围绕正确认识与处理政府和市场的关系这一核心问题,依靠改革开放加快形成公开市场、平等竞争的市场环境。

竞争是市场经济的本质,公平竞争是市场经济的核心。在中国日益扩大开放的进程中,“强化竞争政策的基础性地位,创造公平竞争的制度环境”,营造各类市场主体一视同仁、公平竞争的市场环境,不仅是我国提升国际经济竞争力的现实需求,也是赢得中美贸易战的最大底气。

进入21世纪以来,世界经济的发展趋势呈现“全球化”特点,资本与人才在全球范围内自由流动,营商环境的好坏已经成为衡量一个国家或地区核心竞争力的要素之一。尤其是最近两年,伴随全球贸易摩擦的加剧,优化营商环境已成为很多国家或地区为吸引外资而竞相采取的主要手段。

营商环境,直接关乎市场主体的茁壮成长、关乎各类人才的创新创业、关乎人民群众的切身利益、关乎投资者的信心预期、关乎振兴大业和发展全局。良好的营商环境具有“洼地效应”“连锁效应”,能使项目、资金、技术、人才等生产要素不断汇流聚集,形成强大力量,推动经济快速发展。所以说,优化营商环境是基础、是关键。

随着“放管服”改革的深入推进,我国的营商环境已有明显改观,连续两年入列全球营商环境改善幅度最大的十大经济体,并首次跻身全球前40。无论是深圳“秒批”企业登记,还是《外商投资法》的落地实施,无一不彰显着中国在改善营商环境方面做出的持续努力。中国营商环境持续改善的背后，是中国迈向高质量发展路上持之不懈的改革开放，更是面向未来再出发的机遇和信心所在。

好的营商环境就是生产力、竞争力。只有不断优化营商环境，才能让各类市场主体有更多活力和更大空间去创造财富。但营商环境没有最好只有更好。打造良好的营商环境，涉及政务、法治、社会、人文等各个方面。优化投资环境最关键在于持续深化体制机制创新，最核心的是处理好“有形之手”与“无形之手”的关系，最紧要的是完成一场除烦苛之弊、施公平之策、开便利之门的“自我革命”。中国经济正处于由高速增长阶段转向高质量发展阶段，正经历质量变革、效率变革、动力变革的关键时点，传统的劳动力、土地等生产要素的比较优势正在逐渐减弱，制度供给成为重要的核心竞争力。唯有不断创造新的制度优势，才能不断增强中国经济的吸引力、创造力、竞争力，让中国经济行稳致远、活力四射。

案例三　郑州电梯劝烟猝死案

案例内容：

2017 年 5 月 2 日，郑州医生杨某因在电梯内劝阻段某抽烟，两人发生争执。十多分钟后，69 岁的段某突发心脏病死亡。

监控视频显示，2017 年 5 月 2 日 9 时 24 分 03 秒，段某在电梯间内吸烟，4 秒钟后，杨某进入电梯，按了负一楼电梯键。随后，双方开始有语言交流。电梯到达一楼，杨某按了开门键，段某未走出电梯。电梯到达负一楼，二人继续对话。杨某走到电梯门外，段某在电梯门内，双方仍有争执。随后，杨某重新进入电梯，按了一楼的按钮。2017 年 5 月 2 日 9 时 26 分 24 秒，两人走出电梯。两分钟后，他们走到单元门口。段某情绪相对较为激动，杨某比较冷静。2017 年 5 月 2 日 9 时 29 分 06 秒，两人走向物业办公室，至此时为止，段某的香烟一直未熄灭。

物业办公室门口的监控视频显示，段某比较激动，物业工作人员从办公室内出来后，其情绪更加激动，边说话边向杨某靠近。两分钟后，杨某被劝离，段某则被劝至物业办公室。没多久，段某突然倒地。急救中心出具的证明显示，急救人员到达时，段某意识丧失，经抢救病情无变化，心电图示全心停搏，宣布临床死亡。

段某的妻子田某随后向法院提起诉讼，要求杨某赔偿40余万元。郑州市金水区人民法院经审理认为：田某的丈夫段某因在电梯内吸烟问题，导致与杨某发生言语争执，在双方的争执被小区物业公司工作人员劝阻且杨某离开后，段某猝死，该结果是杨某未能预料到的，杨某的行为与段某的死亡之间并无必然的因果关系，但段某确实在与杨某发生言语争执后猝死。

金水区法院遂依照《中华人民共和国侵权责任法》第二十四条的规定，受害人和行为人对损害的发生都没有过错的，可以根据实际情况，由双方分担损失。根据公平原则，判决：杨某补偿田某15000元，驳回田某的其他诉讼请求。

田某不服一审判决，上诉至郑州市中院。

郑州市中院审理查明，监控视频显示事件发生过程中，段某情绪较为激动，杨某相对比较冷静、克制；二人只有语言交流，无拉扯行为，无肢体冲突。经核算，三段监控视频中显示出二人接触时长不足5分钟。

二审法院郑州中院经审理认为，杨某劝阻段某在电梯内吸烟的行为未超出必要限度，属于正当劝阻行为。在劝阻段某吸烟的过程中，杨某保持理性，平和劝阻，其与段某之间也没有发生肢体冲突和拉扯行为，也没有证据证明杨某对段某进行过呵斥或有其他不当行为。杨某没有侵害段某生命权的故意或过失，其劝阻段某吸烟行为本身不会造成段某死亡的结果。

段某自身患有心脏疾病，在未能控制自身情绪的情况下，发作心脏疾病不幸死亡。虽然从时间上看，杨某劝阻段某吸烟行为与段某死亡的后果是先后发生的，但两者之间并不存在法律上的因果关系。因此，杨某不应承担侵权责任。

郑州中院认为：适用《中华人民共和国侵权责任法》第二十四条的前提是行为与损害结果之间有法律上的因果关系，且受害人和行为人对损害的发生都没有过错。而本案中杨某劝阻吸烟行为与段某死亡结果之间并无法律上的因果关系，因此，一审法院判决依照《中华人民共和国侵权责任法》第二十四条的规定，适用公平原则判决杨某补偿田某15000元，属于适用法律错误。

郑州中院还认为，虽然一审法院判决后，杨某没有上诉，但一审判决适用法律错误，损害了社会公共利益。因为保护生态环境、维护社会公共利益及公序良俗是民法的基本原则，弘扬社会主义核心价值观是民法的立法宗旨，司法裁判对保护生态环境、维护社会公共利益的行为应当依法予以支持和鼓励，以弘扬社会主义核心价值观。而且，根据郑州市有关规定，市区各类公共交通工具、电梯间等公共场所禁止吸烟，公民有权制止在禁止吸烟的公共场所的吸烟者吸烟。该规定的目的是减少烟雾对环境和身体的侵害，保护公共环境，保障公民身体健康，促进文明、卫生城市建设，鼓励公民自觉制止不当吸烟行为，维护社会公共利益。本案中，杨某对段某在电梯内吸烟予以劝阻合法正当，是自觉维护社会公共秩序和公共利益的行为，一审判决判令杨某分担损失，让正当行使劝阻吸烟权利的公民承担补偿责任，将会挫伤公民依法维护社会公共利益的积极性，既是对社会公共利益的损害，也与民法的立法宗旨相悖，不利于促进社会文明，不利于引导公众共同创造良好的公共环境。一审判决判令杨某补偿田某 15000 元错误，二审法院依法予以纠正。基于此，二审法院依法作出宣判：认定杨某不担责。

2018 年 1 月 23 日，该案在郑州市中院二审公开宣判，法院撤销要求杨某补偿死者家属 15000 元的民事判决；驳回田某的诉讼请求。

案例思考：

1. 法院判决给我们怎样的启示？
2. 如何理解个案在引导人民群众依法维护公平正义的现实意义？

案例解读：

严格依法审判是最大的正义①

2017 年发生在郑州的电梯劝烟猝死案虽然案情并不复杂，相关的法律规定也较为明确，但是由于该案涉及民事主体的死亡，触动了我国一般民众“死者为大”的传统观念，以及重复了以往审判中常见的“和稀泥”式判决，

① 参见中国行为法学会、中南大学编：《中国法治实施报告（2018）》，552－555 页，北京：人民法院出版社，2019。

因此产生了相当巨大的社会影响力。该案二审判决结果对于我国今后相关案件的审判及全社会关心、捍卫社会公共利益的行为模式将产生深远的影响。

由全国最高人民法院和央视联合开展的"2018 年推动法治进程十大案件"评选活动，经过初筛初评，从全国各类案件中选出 20 个具有影响力的案件，公开让专家学者和网民投票推选，经过角逐，"郑州电梯劝烟案"被评为 2018 年推动法治进程十大案件之首。

这个案件彰显出了我国司法的进步，评选结果说明全社会对这个案例高度关注和充分认可，也体现了公众对公共场所控烟、对维护个人健康权利的渴望。案件审判结果对引导广大人民群众依法维护公平正义，以及劝阻他人在禁止吸烟的公共场所吸烟、维护个人健康权利具有重要的现实意义和导向作用。

每一起社会公众高度关注的热点案件，都是一堂全民共享的法治公开课，本案要告诉大家的是，遵守法律法规和社会公序良俗，是每个公民的义务，维护社会公共秩序和社会公共利益，是每个公民的责任，对这种合法正当行为，人民法院依法予以支持和保护，司法审判永远是社会正能量的守护者！

一个时期以来，在涉及人民群众生命等重大敏感利益的案件中，审判机关出于息事宁人等因素的考量，往往对于死亡的民事主体一方予以倾斜。即使在按照法律规定对其死亡不应予以赔偿的情况下，也在判决中"象征性"地予以部分赔偿。这种判决表面上看来似乎照顾到了死者的利益，在一定程度上平息了死者家属的情绪，但是这种"和稀泥"式判决对于全面推进依法治国与弘扬社会主义核心价值观都具有较大的负面影响。一方面，"和稀泥"式判决与依法审判的原则相冲突，判决违背法律规定及其精神。另一方面，"和稀泥"式判决使得民众对于判决的可预期性降低，进而导致社会公众对于社会公益的关注和捍卫程度大幅降低，对于违法及不道德行为不愿阻止、不敢阻止的现象广泛存在。这些都在一定程度上影响了社会的一般道德水平。

本案的审判尤其是二审改判的重要意义就在于，其打破了"和稀泥"式判决的陈规，坚持按照法律的规定审判。即使是涉及民事主体的死亡，依法应当予以赔偿的一点不能少；而依法不应当予以赔偿的则一点也不能多，绝不含糊。此案的审判向社会公众还宣导了以下信息：我国法律坚定地为民众主动维护社会公共利益的行为提供强大的制度保障，法律不能让为恶者逍遥法外，也不能让为善者蒙受不公。相信在本案审判所传递的法治精神的号召和引领下，我国社会公众主动关心、捍卫社会公共利益的热情将有所增长，“公平正义”的法治精神将进一步彰显。

案例四　全面从严治党永远在路上

案例内容：

材料一　2020年3月全国14968人违反八项规定被处理①

据中央纪委国家监委网站消息，2020年3月全国共查处违反中央八项规定精神问题10411起，14968人受到处理，7363人受到党纪政务处分。其中，因违反中央八项规定精神受到党纪政务处分的干部中，涉及地厅级干部53人，县处级干部431人，乡科级及以下干部6879人。

在2020年3月查处的10411起问题中，贯彻党中央重大决策部署有令不行、有禁不止，或者表态多调门高、行动少落实差，脱离实际、脱离群众，造成严重后果的有559起；在履职尽责、服务经济社会发展和生态环境保护方面不担当、不作为、乱作为、假作为，严重影响高质量发展的有4948起；在联系服务群众中消极应付、冷硬横推、效率低下，损害群众利益，群众反映强烈的有251起；文山会海反弹回潮，文风会风不实不正，督查检查考核过多过频、过度留痕，给基层造成严重负担的有37起；其他形式主义、官僚主义问题1727起。

在属于享乐主义、奢靡之风的问题中，违规收送名贵特产类礼品40起，违规收送礼金和其他礼品693起；违规公款吃喝424起；违规接受管理和服务对象等宴请的161起；违规操办婚丧喜庆213起；违规发放津补贴或福利662起；公款旅游及违规接受管理和服务对象等旅游活动安排163起；其他享乐主义、奢靡之风问题533起。

① 参见《中央纪委：3月全国14968人违反八项规定被处理》，人民网－中国共产党新闻网，2020－04－24。

材料二　江苏省纪委监委推动构建农村三资监管体系①

为解决农村基层腐败问题易发多发问题，铲除群众身边微腐败滋生的土壤和条件，江苏省纪委监委连续三年将推动农村集体“三资”（资产、资源、资金）监管体系建设作为整治农村基层不正之风和腐败问题的重点，打通农村基层监督“最后一公里”，推进农村基层治理体系和治理能力现代化。

集体资产资源在阳光下交易

村里的集体用房租给了谁，土地承包给了谁，资金用到了哪里，直接牵涉到老百姓的利益。2018 年，在江苏省纪委监委督促指导下，泰州市率先试点农村集体“三资”监管体系建设。

资产资源处置不公开一直是村民诟病较多的问题。“以前，我要跑很多地方，甚至通过很多关系才能承包到土地。”马桥镇横港村的大棚蔬菜种植户徐红波深有体会，去年上半年，徐红波在产权交易平台上看到村里土地的发包信息，直接报名竞拍就拿到了。“这样交易既公平公正，又方便快捷，竞到的人省心，竞不到的人也服气。”

泰州市在全面清产核资的基础上，实行农村集体资产资源“阳光交易”，在市（区）、乡（镇）分别建立线上交易平台，推进农村产权交易市场标准化建设，规范农村集体资产资源交易行为。

“省纪委监委监督推动省级主管部门全面推进农村产权交易市场标准化建设，目前全省农村产权交易市场已实现县级及镇级平台全覆盖，实现统一联网、信息互联、资源共享。截至 2020 年 3 月，累计交易额 1000 多亿元，平均溢价率 3%。”该省纪委监委党风政风监督室副主任王洪连说。

村务卡让每分钱都清清楚楚

近日，南京市江宁区秣陵街道元山社区负责采购的社区干部吴德亚到超市采购物资。付款时，他并没有像以前那样用预领的现金付款，而是直接拿“村务卡”刷卡消费。

“有了‘村务卡’，外出办事不用带大量现金，简便规范，安全透明。”元山社区党总支书记史历告诉记者，以前采购时，社区干部经常自己垫付再

① 参见《江苏省纪委监委推动构建农村三资监管体系》，《中国纪检监察报》，2020－04－23。

报销，这个过程中因使用现金结算，只凭发票报销，存在廉洁风险。现在使用“村务卡”，POS 单、购物清单、银行记录全程可查，“每一分钱都花得清清楚楚，规规矩矩，心里头也敞亮”。

这样的村级公务支出方式，是江苏省加强对农村资金监管的举措之一。该省在所有村实行非现金结算的基础上，全面推行“村务卡”，用于村集体不便于转账结算的日常村务经费支出业务。通过与银行对接，银行实时向村“两委”负责人、会计、村务监督人员推送“村务卡”交易短信。目前，全省 17685 个涉农村（居）已 100% 实施了“村务卡”制度。

会计监督的腰杆硬了起来

“书记，这笔工程款不能付。”去年年底，泰兴市济川街道三阳村准备支付一笔工程款时，被委派会计芦娅拒绝了。该工程款按合同应该是分两年支付，村里因账上资金有富余，村支书认为不如先多给点儿，结果却在村级会计委托代理服务中心那里吃了“闭门羹”。

村里的钱，书记说了怎么不算？原来，泰州市纪委监委督促推动职能部门全面推行村级会计委托代理，在乡镇（街道、园区）成立会计委托代理服务中心，在保持村级集体资金所有权、使用权、审批权和收益权不变的前提下，代理村级集体“三资”的会计核算管理工作。会计由市聘镇管，实行异地委派，工资报酬由县、镇两级财政提供经费保障。

任命和报酬与村里脱钩，会计监督的腰杆真正硬了起来。

目前，会计代理服务中心委托代理、村主办会计异地交流任职、委托社会中介机构第三方代理模式，已在江苏全省推开，有效提升了村级财务管理水平和日常监督质效。

“从实践效果看，我省推动构建农村集体‘三资’监管体系的作用已经显现出来，制度优势正转化为实实在在的治理效能。”江苏省纪委副书记、省监委副主任黄继鹏列举了四个明显变化，基层党组织的公信力提升，干群关系改善，村集体收入增加，腐败案件数量下降。“一位村干部对我讲，现在购买一支铅笔的开支，群众都能看得清清楚楚，大小权力都在阳光之下，群众更信任我们了，干部也更安全了。”

案例思考：

1. 这两则材料给我们怎样的启示？

2. 如何科学把握和有效运用规律，不断巩固和扩大全面从严治党的成果和影响？

案例解读：

全面从严治党永远在路上

党的十九大以来，以习近平同志为核心的党中央一以贯之、坚定不移推进全面从严治党，党内政治生态展现新气象，反腐败斗争取得压倒性胜利，全面从严治党取得重大成果。中央纪委国家监委和各级纪检监察机关始终自觉同党中央保持高度一致，坚持以习近平新时代中国特色社会主义思想为指导，贯彻落实党的十九大关于全面从严治党战略部署，把党的政治建设摆在首位，坚定不移践行“两个维护”，坚持无禁区、全覆盖、零容忍，坚持重遏制、强高压、长震慑，持续保持惩治腐败高压态势，一体推进不敢腐、不能腐、不想腐，不断推动党风廉政建设和反腐败斗争向纵深发展。

从作风建设永远在路上，到党风廉政建设和反腐败斗争永远在路上，再到全面从严治党永远在路上，党的建设由转变入手，以强力反腐震慑，到抓管党治党这个根本，虽然内涵在丰富、外延在拓展，但永远在路上却是共性的、不变的。这是对事物发展规律、党的建设规律的尊重和认识，是对规律的科学把握和有效运用，更是一种理论清醒和政治自觉。新时代要进一步实现党的建设从“有形”到“有效”、从体量到质量、从入脑到入心、从上层到基层的深化和延展，以不断巩固和扩大全面从严治党的成果和影响，切实从具体的办法和制度上保障全面从严治党永远在路上。

难点解惑

1. 如何理解全面深化改革要坚持和运用底线思维？

答：改革目前已经进入“攻坚期”和“深水区”，在充满风险的复杂环境下推进改革要“如履薄冰”“如临深渊”。所以，习近平总书记指出，既要看到成绩和机遇，更要看到短板和不足、困难和挑战，看到形势发展变化给我们带来的风险，从最坏处着眼，做最充分的准备，朝好的方向努力，争取最好的结果。这一论述的核心思想就是要坚持和运用好底线思维。改革要从纷繁复杂的思想观念中凝聚共识，要革除体制机制多年的顽瘴痼疾，要打破利益固化的藩篱，势必会造成被改革对象自身状态的改变。但改革不是改向，变革不是变质，因此，全面深化改革必须掌握和运用底线思维，认清底线、划定底线、严守底线绝不动摇。

习近平总书记指出：改革是社会主义制度自我完善和发展，怎么改、改什么，有我们的政治原则和底线。这个政治原则和底线是什么呢？首先，坚持正确的改革方向。改革是在中国特色社会主义道路上不断前进的改革，不是为了迎合某些人的“掌声”，该改的坚决改，不能改的坚决守住，绝不能在根本性问题上出现颠覆性错误。其次，坚持党的领导。党是改革开放的主心骨、领航者，处于统筹全局、协调各方的核心地位。再次，坚持人民主体地位。改革开放是亿万人民自己的事业，人民群众是改革开放的创造者，当然也是利益的享有者，必须让改革开放的发展成果更多更公平地惠及全体人民，这是中国特色社会主义的根本要求。

2. 如何正确理解党的领导和依法治国的关系①？

答：党与法的关系是法治建设的核心问题。在现实生活中，一讲到党和法治的关系问题，总有人别有用心地讨论究竟是“党大还是法大”。面对这个问题，如果回答党大，就有人要质疑依法治国的真实性；如果回答法大，就有人要质疑党领导一切的说法。这个问题看似怎么回答都不妥，实则是有人刻意挖好政治陷阱，我们必须回答好、把握好这个问题。

对于这个问题，习近平总书记鲜明指出，“党大还是法大”实则是一个伪命题：“我们说不存在‘党大还是法大’的问题，是把党作为一个执政整体而言的，是指党的执政地位和领导地位而言的，具体到每个党政组织、每个领导干部，就必须服从和遵守宪法法律，就不能以党自居，就不能把党的

① 参见文佳：《“党大还是法大”是伪命题》，求是网，2018－01－04。

领导作为个人以言代法、以权压法、徇私枉法的挡箭牌。”①

习近平总书记进一步指出：中国共产党是中国特色社会主义事业的领导核心，处在总揽全局、协调各方的地位。社会主义法治必须坚持党的领导，党的领导必须依靠社会主义法治。法是党的主张和人民意愿的统一体现，党领导人民实施宪法法律，党自身必须在宪法法律范围内活动，这就是党的领导力量的体现。党和法、党的领导和依法治国是高度统一的。

具体而言，从概念上分析，党的本质是政治组织，法的本质是行为规范；从作用上分析，党更多地体现在目标体系、监督体系和保障体系中，法更多地体现在实施体系、运行体系中。两者根本就不在一个范畴中，不具有可比性。因此，把党与法治对立起来的观点是错误的。诘问党大还是法大，就如同诘问火车头大还是铁轨大一样，是极其荒谬的。火车运行离不开铁轨，党的领导要依靠法治；但如果没有火车前行，铁轨则没有任何价值，法治必须坚持党的领导。党和法治既不是对立的关系，也不是谁大谁小的关系，而是根本一致、内在统一的关系。

学习金句

一、 全面建设社会主义现代化国家

党的十九大对实现第二个百年奋斗目标作出分两个阶段推进的战略安排，即到二〇三五年基本实现社会主义现代化，到本世纪中叶把我国建成富强民主文明和谐美丽的社会主义现代化强国。

——《中共中央关于制定国民经济和社会发展第十四个五年规划和二〇三五年远景目标的建议》，《人民日报》2020 年 11 月 4 日

展望二〇三五年，我国经济实力、科技实力、综合国力将大幅跃升，经济总量和城乡居民人均收入将再迈上新的大台阶，关键核心技术实现重大突破，进入创新型国家前列；基本实现新型工业化、信息化、城镇化、农业现

① 习近平：《在省部级主要领导干部学习贯彻党的十八届四中全会精神全面推进依法治国专题研讨班上的讲话》，《人民日报》，2015－02－03。

代化，建成现代化经济体系；基本实现国家治理体系和治理能力现代化，人民平等参与、平等发展权利得到充分保障，基本建成法治国家、法治政府、法治社会；建成文化强国、教育强国、人才强国、体育强国、健康中国，国民素质和社会文明程度达到新高度，国家文化软实力显著增强；广泛形成绿色生产生活方式，碳排放达峰后稳中有降，生态环境根本好转，美丽中国建设目标基本实现；形成对外开放新格局，参与国际经济合作和竞争新优势明显增强；人均国内生产总值达到中等发达国家水平，中等收入群体显著扩大，基本公共服务实现均等化，城乡区域发展差距和居民生活水平差距显著缩小；平安中国建设达到更高水平，基本实现国防和军队现代化；人民生活更加美好，人的全面发展、全体人民共同富裕取得更为明显的实质性进展。

——《中共中央关于制定国民经济和社会发展第十四个五年规划和二〇三五年远景目标的建议》，《人民日报》2020 年 11 月 4 日

坚持创新在我国现代化建设全局中的核心地位，把科技自立自强作为国家发展的战略支撑，面向世界科技前沿、面向经济主战场、面向国家重大需求、面向人民生命健康，深入实施科教兴国战略、人才强国战略、创新驱动发展战略，完善国家创新体系，加快建设科技强国。

——《中共中央关于制定国民经济和社会发展第十四个五年规划和二〇三五年远景目标的建议》，《人民日报》2020 年 11 月 4 日

二、 全面深化改革

改革开放 40 年的实践启示我们：制度是关系党和国家事业发展的根本性、全局性、稳定性、长期性问题。我们抓住完善和发展中国特色社会主义制度这个关键，为解放和发展社会生产力、解放和增强社会活力、永葆党和国家生机活力提供了有力保证，为保持社会大局稳定、保证人民安居乐业、保障国家安全提供了有力保证，为放手让一切劳动、知识、技术、管理、资本等要素的活力竞相迸发，让一切创造社会财富的源泉充分涌流不断建立了充满活力的体制机制。

——《习近平在庆祝改革开放 40 周年大会上的讲话》（2018 年 12 月 18

日），《习近平谈治国理政》（第三卷），外文出版社2020年版，第185页

全面深化改革是我们党守初心、担使命的重要体现。改革越到深处，越要担当作为、蹄疾步稳、奋勇前进，不能有任何停一停、歇一歇的懈怠。要紧密结合“不忘初心、牢记使命”主题教育，提高改革的思想自觉、政治自觉、行动自觉，迎难而上、攻坚克难，着力补短板、强弱项、激活力、抓落实，坚定不移破除利益固化的藩篱、破除妨碍发展的体制机制弊端。

——《习近平在中央全面深化改革委员会第九次会议上的讲话》（2019年7月24日），《习近平谈治国理政》（第三卷），外文出版社2020年版，第179页

三、全面依法治国

坚持党的领导，是社会主义法治的根本要求，是党和国家的根本所在、命脉所在，是全国各族人民的利益所系、幸福所系，是全面推进依法治国的题中应有之义；党的领导和社会主义法治是一致的，社会主义法治必须坚持党的领导，党的领导必须依靠社会主义法治。

——《关于〈中共中央关于全面推进依法治国若干重大问题的决定〉的说明》（2014年10月20日），《人民代表大会制度重要文献选编》（四），中国民主法制出版社、中央文献出版社2015年版，第1791页

全面推进依法治国，必须走对路。如果路走错了，南辕北辙了，那再提什么要求和举措也都没有意义了。全会决定有一条贯穿全篇的红线，这就是坚持和拓展中国特色社会主义法治道路。中国特色社会主义法治道路是一个管总的东西。具体讲我国法治建设的成就，大大小小可以列举出十几条、几十条，但归结起来就是开辟了中国特色社会主义法治道路这一条。

——《坚定不移走中国特色社会主义法治道路》（2014年10月23日），《人民代表大会制度重要文献选编》（四），中国民主法制出版社、中央文献出版社2015年版，第1827页

党的领导是社会主义法治最根本的保证。全面依法治国决不是要削弱党的领导，而是要加强和改善党的领导，不断提高党领导依法治国的能力和水平，巩固党的执政地位。必须坚持实现党领导立法、保证执法、支持司法、带头守法，健全党领导全面依法治国的制度和工作机制，通过法定程序使党的主张成为国家意志、形成法律，通过法律保障党的政策有效实施，确保全面依法治国正确方向。

——《习近平在中央全面依法治国委员会第一次会议上的讲话》（2018年8月24日），《习近平谈治国理政》（第三卷），外文出版社2020年版，第284页

全面依法治国最广泛、最深厚的基础是人民，必须坚持为了人民、依靠人民。要把体现人民利益、反映人民愿望、维护人民权益、增进人民福祉落实到全面依法治国各领域全过程。推进全面依法治国，根本目的是依法保障人民权益。要积极回应人民群众新要求新期待，系统研究谋划和解决法治领域人民群众反映强烈的突出问题，不断增强人民群众获得感、幸福感、安全感，用法治保障人民安居乐业。

——《习近平在中央全面依法治国工作会议上的讲话》，《人民日报》2020年11月18日

四、 全面从严治党

当前和今后一个时期，深入推进全面从严治党，要全面贯彻党的十九大精神，以新时代中国特色社会主义思想为指导，增强“四个意识”，坚定“四个自信”，紧紧围绕坚持和加强党的全面领导，紧紧围绕维护党中央权威和集中统一领导，全面推进党的政治建设、思想建设、组织建设、作风建设、纪律建设，把制度建设贯穿其中，深入推进反腐败斗争，在坚持中深化、在深化中发展，实现党内政治生态根本好转，不断增强党的创造力、凝聚力、战斗力，为决胜全面建成小康社会、全面建设社会主义现代化国家提供坚强保证。

——《习近平在中共十九届中央纪委二次全会上的讲话》（2018年1月11日），《习近平谈治国理政》（第三卷），外文出版社2020年版，第504页

我们坚持以伟大自我革命引领伟大社会革命，健全党的领导制度体系，深化党的建设制度改革，完善全面从严治党制度，坚决扭转一些领域党的领导弱化、党的建设缺失、管党治党不力状况，使党始终成为中国特色社会主义事业的坚强领导核心。

——《习近平在十九届中央纪委四次全会上发表重要讲话》（2020 年 1 月 13 日），《习近平谈治国理政》（第三卷），外文出版社 2020 年版，第 546 页

第四专题　把人民军队全面建成世界一流军队

学习目的

党的十九大着眼国家安全环境新变化和强国强军新要求，对“坚持走中国特色强军之路，全面推进国防和军队现代化”作出了新的战略筹划和全面布局，科学回答了新时代建设什么样的军队、怎样建设军队等一系列根本性、全局性、方向性的重大问题，为实现党在新时代的强军目标、全面建成世界一流军队提供了根本遵循。本专题旨在引导学员深刻理解全面推进国防和军队现代化的总体要求、战略安排；深刻领悟党对军队绝对领导这一建军之本、强军之魂；深刻把握一切工作向能打仗、打胜仗聚焦的鲜明导向，切实将思想和行动统一到习主席和中央军委的战略部署和决策要求上来，担当起党和人民赋予的新时代使命任务，为全面建成世界一流军队而奋斗。

核心问题

1. 强国为什么必须强军？
2. 如何强化党对军队绝对领导的军魂意识？
3. 青年学员如何争做练兵备战的新时代“四有”革命军人？
4. 为什么说科学技术是核心战斗力？
5. 怎样理解实施军民融合发展战略是构建一体化的国家战略体系和能力的必然选择，也是实现党在新时代强军目标的必然选择？

案例一　强国必先强军——谈晚清军事近代化改革之得失

案例内容：

近代，内忧外患的清政府为挽救危局，自上而下开启了军事近代化之路。

材料一　洋务运动与中国军事近代化的启动①

19 世纪60 年代，清政府开始以“练兵”“制器”为主要举措，引进和学习西方近代军事技术，改造陆军，创建海军，创办军事工业，兴办军事教育，军事近代化改革逐步展开。

19 世纪中叶，在风起云涌的国内反抗运动中，八旗军接连失利，清政府不得不直面八旗军战斗力衰败的事实，起用勇营。

勇营制度源于保甲团练，多以地方官员奉命组建而成，起初为应对太平军的地方武装力量，有湘勇、淮勇、豫勇、霆勇等大分支。在组织系统中，以“营”为战斗单位，全营设劈山炮 2 队、抬枪 8 队、小枪 9 队、刀矛 19 队，共计 38 队，本身结构简单、容易组合。为配合统领指挥调度，还专设营务处，下分文巡捕、武巡捕、银钱所、军械所、发审所、公牍、书启、方案，构成了整支军队的指挥中心。整体上，其编制固定齐整、冷热兵器配备合理、攻防体系层次分明，较八旗军而言其战斗力更为强悍，因此勇营迅速替代八旗军成为晚清军事力量主要的兵制，也在整体上较快提高了清军的战斗力。但勇营制度只是地方官员的应变之举，目的只是为了镇压农民起义，并不构成真正意义上的时代变革。

19 世纪下半叶，海权观念方兴未艾，各国海上力量发展迅速，清政府也开始重视海上力量的发展。特别是1874 年日军侵台，清政府深感忧虑，同年李鸿章上奏指出：“船电报之速，瞬息千里。军器机事之精，工力百倍。炮弹所到，无坚不摧。水陆关隘，不足限制，又为数千年未有之强敌。”于是清政府便联系英国购买军舰，由此拉开海军建设的序幕。除积极购置军舰，

① 参见姜正伟：《晚清军事变革为什么会失败》，《中国青年报》，2014 -02 -07。

清政府也非常重视军事人才培养，相继派出数批共 90 多人到西方国家学习军事。

同时，清政府着眼自身长远发展，开始兴建军工厂、军事学堂、军港和基地。相继创立了安庆内军械所、江南机器制造总局、天津机器局、福州船政局、江南轮船招商局、金陵制造局等一批在当时有影响力的兵工厂，基本形成了军事工业体系的雏形。先后创设了福州船政学堂、操炮学堂、天津水师学堂和北洋武备学堂等各类军事学堂 19 所，培养了大批军事骨干人才。1878 年，清政府开始筹划建立旅顺军港，供铁甲战舰维修使用，又苦心经营大沽、威海卫等基地，用来巩固海防。

在具体制度上，清军主动与外界接轨，积极融入世界潮流。例如北洋海军在组建时，就参考英德两国海军相关制度制定《北洋海军章程》，章程中对“船制”“官制”“升擢”“考核”等 12 个方面都有完备规定，一些观点不乏远见。此外，还积极引入外国智囊，例如英国人戈登和琅威理，都反映出清政府对建设现代军队的渴求和重视。

这次改革持续了近 30 年，军队的面貌有了一定程度的改观。陆军基本实现火器化，并按西法进行训练；南洋水师、北洋水师相继成军，成为清政府“自强新政”的标志；马尾船政局、江南机器制造总局等 20 多家兵工企业，福州船政学堂、天津武备学堂等 10 多所新式军官学校陆续兴办。特别是海防建设，代表了洋务运动期间军事变革的最高成就。

然而中日甲午一战，貌似强大的清军根本承担不起保家卫国、抵御侵略的职责，不仅“水陆交绥，战无一胜”，惨败于同时起步进行近代化改革的日本军队，而且引以为傲的北洋海军全军覆没，苦心经营几十年的北洋海防体系被彻底摧毁。清政府不得不向日本俯首求和，割地赔款，落得个丧权辱国的结局。

材料二　清末新政与军事近代化的推进①

通过洋务运动，中国军队开始了近代化的进程，其海军力量得到一定程度的发展，但中日甲午战争的惨败使得清政府痛定思痛，又开始组建陆军，

---

① 参见王爱云：《晚清军事现代化历程述论》，《理论与现代化》，2012（06）。

注重陆上防御。清政府意识到不能将军事力量和武器装备等量齐观，必须进行军事体制的改革。

从1894年的“定武军”开始，清廷开始按西方国家军制编练军队。这种不同于旗兵、绿营、勇营，拥有西式装备，接受西式训练的军队，被称为新军。

制度革新上，清末新军改变了湘、淮军以营为基本作战单位的建制，而确立起以镇（师）为基本作战单位；将传统的单一兵制改造为步、马、炮、工兵、辎重等多兵种的合成兵制；学习西方的常备兵制，确立起中国常备兵、续备兵和后备兵制等。袁世凯创办的军队，沿袭德国军制，又根据中国实际加以改造，以一万两千人为一分军（即一镇），马、炮、工兵等包括在内。这种多兵种合成军制，各兵种协同作战，密切配合，能够更好地发挥武器效力。在新军的组织机构上，效仿西法，设督练处，即新军总部，下设参谋营务处、执法营务处、督操营务处，各处设总办及职员若干人。还设有教习处（后改洋务局）、粮饷局、军械局、转运局、军医局等军部直属机关，具体负责训练、运输、军械、辎重、军法、医疗等方面的工作，这些新式的军事和参谋机构，不仅首次在中国军队出现，而且体现了专业化、科学化。

在新军军官的选拔、培训方面，新军主要建设者如袁世凯、张之洞都非常重视通过新的军事教育体系来切实提高军官素质，并选拔掌握西方军事技术和战略战术的人才来担任各级军事长官。一批批新型的军官毕业后被充实到北洋各军及其他省新军中，从而促进了整个陆军的早期现代化。如蔡锷26岁时就被任命为广西新军总教官和讲武堂总办，李宗仁就是他的学员。阎锡山留日回乡后，28岁就担任了驻晋新军主力标（团）的标统（团长）。蒋百里留日后再留德，回国后仅30岁就担任了当时中国最高军事学府保定军校的校长。

然而新军的建立，最终并未实现救亡图存的目的。中央集权不断削弱，各省各自为政，非但未能有效增强国家的整体军力，反而为清朝的覆亡挖掘了坟墓。

案例思考：

1. 为什么晚清军事近代化改革都失败了？

2. 推进中国特色的军事变革可以从中得到什么启示？

案例解读：

流于表面的器物变革

晚清政府的两次军事近代化运动堪称中国近代军事的一场深刻革命，尽管取得一些成就，最终由于诸多局限，这一变革没有改变清王朝走向灭亡的历史必然，也没有建立一支真正意义上的近代国家军队。

晚清军事近代化改革在指导思想上存在严重的局限性。晚清军事近代化改革的基本指导思想是“师夷长技”和“中体西用”论。这种指导思想，看到的是近代西方军事上的强大源于技术上的先进，却没有看到西方军事的强大是由于军事技术、军事思想和军事制度的整体领先，更没有看到近代世界军事发展是以技术进步为先导带动军事思想和军事体制革新的总体发展，是国家体制变革和综合国力增强的产物。因此把改革主要框定在器物和技术层面，又处处避免触犯“朝制”，因而不可能对军事体制、军事思想、军队建设实行根本性的变革。军制变革是军事近代化改革的核心内容。军制不变，改革只能触及皮毛，而无法脱胎换骨。

晚清军事近代化改革缺乏统一的组织领导和整体规划。晚清近代化军事改革的过程，基本上是外促内、下促上。来自外部的侵略使得清政府内部变革的呼声不断出现，且日益升高。担负重任且较有战略眼光的要员（如曾国藩、左宗棠、李鸿章、袁世凯、张之洞等）因时局急需，分别从局部先行着手实施。清政府则被动接受，在迫不得已的情况下才有所动作。这样的改革势必使清政府对军队的领导权进一步削弱，使军队的统一性和整体性进一步瓦解，不但无法全面提升清军战斗力，反而造成了严重的问题。军队越来越杂乱，体系越来越多，各派系统领和地方督抚手握重兵，清政府很难有效控制指挥军队。

晚清军事近代化改革缺乏高素质的人才支撑。军事近代化改革成败的关键，在于是否拥有掌握近代军事、具有过硬素质、充满创新意识的人才队伍。在晚清军队中，真正精通近代军事技术、通晓近代化战争战略战术的军官寥若晨星，官兵素质普遍低下，难以为军队近代化提供支撑。在晚清军事近代化改革中，清政府曾陆续兴办了一批近代化的军事学堂，并向海外派遣了多批留学生，但规模较小，难以改变军官队伍整体素质低下的局面。

总之，晚清军事近代化改革虽然引进了一些新式装备，建立了一些新式部队，但制度依然是旧式的，人员及其观念、作风也还是旧式的。这样的军队，不可能成为一支真正近代化的军队，有了新式装备也打不成新式的仗，更打不赢近代化战争。

深入研究晚清的军事近代化进程，对于今天积极推进中国特色的军事变革具有重要的历史启迪意义。

其一，武器装备不落后但观念落后，照样被动挨打。每当重大的军事变革历史时期，都是思想观念必须得到彻底解放的重要历史时期。如果旧有思想体系仍然占有统治地位，军事变革将很难成功。军事变革是观念革命，必须对旧有思想体系进行深刻改造。

其二，军事变革是科技创新，要把科技发展置于重要战略地位。从根本上讲，军事变革是科学技术在军事领域广泛运用的结果。进行军事变革，必须把科学技术的发展与创新作为一项长期而重要的任务，离开了科学技术的支持，军事变革必然成为无源之水。因此，必须面向世界，学习其他国家或民族优秀的科学技术成果，否则军事变革就会成为空谈。

其三，军事变革是系统工程，须系统抓。军事变革不仅仅是军事技术的变革或武器装备的革命，而是一个十分复杂的系统工程，涉及武器装备、军事思想、作战理论及军事制度等一系列重要的因素。如果把军事变革仅限于武器装备的更新，把主要精力投放在提高武器装备水平上，军事变革就无法实现。

案例二　永远不变的军魂

案例内容：

陈薇：“除了胜利，别无选择！”

陈薇，中国工程院院士，少将军衔，生物危害防控国家创新团队学术领头人，国家传染病重大专项总体组专家……都只是她众多头衔光环中的之一。

她被誉为中国军队最神秘的一把利刃，一切由“战绩”说话。

1966 年 2 月陈薇出生在浙江省金华市兰溪县，1984 年高考她如愿考上了著名的浙江大学。1988 年，勤奋用功的陈薇获得了浙大保送清华大学的唯一资格，顺利进入清华大学化学工程系读研。转眼到了毕业之际，1991 年，一次偶然的机会陈薇受清华大学导师之命去军事医学科学院取一份抗体，陈薇瞬间被那里的科研设备和尖端课题吸引，于是她主动找到军事医学科学院要求从军，同年 4 月，陈薇特招入伍，将抗病毒药物作为主攻方向。

1998 年，32 岁的陈薇从军事医学科学院博士毕业，她致力于研究一系列致病微生物，包括炭疽、鼠疫、埃博拉……

2003 年，非典疫情来袭，37 岁的陈薇在危难之际受命研制预防非典病毒的疫苗，陈薇带领课题组冒着生命危险与非典病毒零距离接触进行非典病毒的体外细胞试验，负压实验室一般只能待 5 个小时，时间一长就会因缺氧严重头痛，陈薇尽量不吃饭不喝水穿着成人尿不湿，一直待到九个小时撑不住为止。

2003 年 4 月 28 日，陈薇带队研发的“重组人 ω 干扰素”通过了国家食药监局的批准获准进入临床，她亲自将药物及时送到小汤山医院，之后全国共有 1.4 万名医护人员使用了“重组人 ω 干扰素喷雾剂”无一例感染。胡锦涛同志亲临陈薇团队实验室，高度评价她“为党分忧，为民解难，拼搏奉献”。

2008 年，汶川大地震，陈薇组织卫生防疫方面的专家连夜编写了《灾区卫生防疫知识手册》。5 月 15 日一大早就用飞机运往灾区，陆续发放到受灾群众手中，她还担任国家抗震救灾卫生防疫组组长，冒着余震亲赴灾区一线，战“疫”长达两个月。

2014 年西非大规模爆发埃博拉疫情，陈薇带领团队亲自到非洲一线，经过夜以继日的科技攻关研发了全球首个进入临床的 2014 基因型埃博拉疫苗，这是我国完全自主研发的疫苗。第一次走出国门，在境外进行临床试验，新疫苗的推广给非洲人们带来了希望。2015 年，世卫组织宣布埃博拉病毒在塞拉利昂终止传播，陈薇这个名字震惊了世界，被誉为“埃博拉终结者”，习主席点赞陈薇团队。

2020 年新冠疫情暴发，疫情就是军情，疫区就是战场！1 月 26 日，农历大年初二，54 岁的陈薇带领专家组进驻武汉。2 天后，由军事医学研究院与地方公司共同研制的新型冠状病毒（2019 - nCoV）核酸检测试剂盒（RT - PCR 荧光探针法）通过国家药品监督管理局应急审批，获得医疗器械注册证书。4 天后，紧急展开的军事科学院帐篷式移动检测实验室开始运行，应用自主研发的检测试剂盒，配合核酸全自动提取技术，核酸检测时间比现有时间大大缩短，加快了确诊速度。随后陈薇团队争分夺秒开展重组新冠病毒疫苗的药学、药效学、药理毒理学等研究，以最快速度完成疫苗的设计、毒种重组重构和生产设备、安全等方面研究。经过两个月的不眠不休的奋战，3 月 16 日陈薇团队研制的重组新冠疫苗通过了临床研究注册审评获批启动临床试验。

——选自《人民英雄陈薇的抗击肺炎人物事迹》

案例解读：

“天下至德，莫大于忠。”忠诚是共产党人必须具备的优秀品格，是每个党员入党宣誓时的庄严承诺。我党自成立以来衡量党员干部是否有理想信念，关键看是否对党绝对忠诚，而“对党绝对忠诚要害在‘绝对’两个字，就是唯一的、彻底的、无条件的、不掺任何杂质的、没有任何水分的忠诚”。而这种对党的绝对忠诚不能只停留在口号上，而要像陈薇院士那样自觉把对党忠诚、为党分忧、为党尽职融入行动中，至死不渝。

急难险重时刻挺身而出敢担当。陈薇青丝日渐霜，巾帼英雄麟阁上。作为一名军医，陈薇时刻牢记我军宗旨，视疫情为命令，闻令而动，招之即来，来之能战，战之必胜，不管是面对突发的“非典”病毒，还是肆虐的“埃博拉”病毒，又或是猖獗的“新冠”病毒，陈薇不畏生死、迎难而上，用实际行动践行了一名军人、一名党员忠诚于党的铮铮誓言。特别是在新冠疫情期间，陈薇少将临危受命，紧急奔赴武汉执行科研攻关和防控指导任务，在帐篷式移动检测实验室中陈薇团队应用自主研发的核酸提取与检测技术，大大缩短了病毒核酸检测时间，让病毒难以遁形，抵达前线后又迅速开展应急科研攻关，将实验室搬到了这片没有硝烟的战场与后方科研基地联合作战，向新冠病毒疫苗这一终极武器的研制发起冲锋，她领衔研发出全球第一个进入二期临床试验的新冠病毒疫苗，彰显了中国的科技实力，同时再次向世界展现出中国速度。世上从来就没有什么救世主，只有危难时刻挺身而出的有责任有担当的人民英雄，正是这些人民英雄在危急面前豁得出去，关键时刻冲得上去，用“舍小家为大家”的壮举践行着忠诚于党、服务人民的初心誓言。

案例三 “精神利刃”开拓胜战之路

案例内容：①

材料一 甘于奉献的战史专家

国防大学科研部原副部长王三欣，战争年代是战场上的优秀指挥员，战争结束后进入军校，成为享誉全军的优秀教研人员。他在讲台一站就是30多年，一直到最后倒在了讲台上。他的夫人回忆：“他在医院里有时清醒有时糊涂，有时出现幻觉状态，还在想着教学，说话不清醒，还能说出来：‘张家港……演习……拿地图来……拿笔来……要红的。’他脑子里装的都是这些东西，家事一句没谈。”

这个被誉为“战争史活字典”的军人，最后时刻惦念的，仍然是他的教学。他的女儿回忆：“爸爸突然辞世，什么也没留下，只留下了大堆的讲义和文稿。《如何在未来反侵略战争中打歼灭战》《学习军委战略方针的初步体会》《关于未来反侵略战争的积极防御战略方针》……”

这部“战争史活字典”，1987年2月在北京西郊红山口静静地合上了。那是改革开放的起步阶段，很多人都在关心自己的待遇、设计自己的前程，王三欣仍然在研究战争、关注战争，撰写或经他修改的教材多到无法统计的地步。

材料二 人性与血性

东北抗日联军将领杨靖宇，第一路军总司令，抵抗到最后剩自己一个人。日本人对杨靖宇特别佩服，甚至把他神化了。但杨靖宇身边出了一个又一个叛徒，最终置杨靖宇于绝境。

---

① 参见金一南：《灵魂与血性》，《湘潮》，2016（7）、（8）。

第一个叛徒：程斌，东北抗联第一师师长，他曾是杨靖宇最信任的人。1938 年，程斌带本部人马投靠日本人，为了在日军面前立功，他率部深入山林把杨靖宇在东北深山老林里的密营全部捣毁，把杨靖宇逼入绝境。

第二个叛徒：张秀峰，军部警卫排长，无父无母的孤儿，被杨靖宇抚养成人。1940 年 2 月，携带机密文件、枪支及抗联经费 9960 块大洋叛变投敌，向日军提供了杨靖宇的突围路线，将本来有可能突围的杨靖宇将军再次置于绝境当中。

第三个叛徒：张奚若，抗联第一军第一师特等机枪手，在日军的命令下，他亲手杀害了抗联司令杨靖宇。

第四个叛徒：蒙江县“保安村”村民赵廷喜，上山砍柴发现了杨靖宇。杨靖宇被困在山林奄奄一息时，碰上了村民赵廷喜，他对赵廷喜说：“帮我下山买点吃的，再买双棉鞋，我给你钱，不要告诉日本人！”然而赵廷喜下山后，马上就向日军告发了杨靖宇。

杨靖宇在牺牲前，与出卖他的保安村村民赵廷喜有过一段对话。见杨靖宇几天没有吃饭，脸上、手上、脚上都是冻疮，赵廷喜说：“我看你还是投降吧，如今（伪）满洲国不杀投降的人。”

杨靖宇沉默了一会儿，对赵廷喜说：“老乡，我们中国人都投降了，还有中国吗?”

材料三　血性军人张永义

张永义历任海军航空兵飞行中队长、大队长、团长……海军副司令员。摆在他面前的最后一项任命，是航母舰载机试验训练总指挥。

舰载机飞行员被称为“刀尖上的舞者”。每次着舰都是对飞行员技术、心理、生理的极大考验。张永义的任务就是培养“刀尖上的舞者”。西方有人预言，中国人获得这一能力起码要七八年甚至更长时间。还有人说，中国人缺乏冒险精神，没有培养舰载机飞行员的精神基础。

就是在这些猜测和判断中，张永义把工作地点从海军司令部搬到试航试飞第一线。每次飞行，都是他亲自指挥。完成一次训练，他就和飞行团队一起比对数据，细抠每一个空中动作。不知多少个日日夜夜，不知多少次挫折与失败。望着这位不回家、不回海军机关、废寝忘食、全部身心扑在舰载机起飞和着陆每一个动作上的海军中将，中航集团技术人员、兴城训练基地官兵、“辽宁号”航母舰员有着共同的感受：没有想到现在还有这样的将军！

2012年11月23日，历史性时刻终于到来。8时许，“辽宁舰”转向，开始顶风逆行。8时40分，国产舰载机歼15飞机552号起飞。9时许，飞机绕舰一转弯、二转弯，放下起落架，放下尾钩，对准甲板跑道，开始降落。9时08分，舰载机两个后轮“砰”地拍在甲板上，刹那间机腹尾钩牢牢抓住第二道阻拦索，一个巨大的“V”字出现在飞行甲板上，阻拦索的两端构成两个强有力支点，紧紧拉住惯性前冲的飞机。

听见“着舰成功”欢呼，已近63周岁的张永义第一个从飞行指挥控制室冲出来，顺着舷梯就跑向飞行甲板，一把紧紧抱住着舰首席飞行员戴明盟，泪水奔涌而出。

这一刻，中国人终于又实现了一次零的突破！

案例思考：

1. 在生死考验面前，为什么有的人成为彪炳史册的民族英雄，而有的人却出卖灵魂、成了万人唾弃的可耻汉奸？

2. 为什么军人的灵魂和血性如此重要？

案例解读：

军人的脊梁　胜利的刀锋

习主席在全军政治工作会议上提出的“要着力培养有灵魂、有本事、有血性、有品德的新一代革命军人”。其中，有灵魂是根本，有本事是核心，有血性是关键，有品德是要求，四个方面构成一个有机整体。

在金一南教授眼中，军人的灵魂和血性是军人的脊梁、胜利的刀锋。克劳塞维茨曾说：“物质的原因和结果不过是刀柄，精神的原因和结果才是贵重的金属，才是真正锋利的刀刃。”在中国革命的熔炉中，有些人炼成了一堆炉渣，忠心耿耿的王三欣炼成了沉甸甸的重金属，给我们留下了真正锋利的精神之刃。他留下来的由灵魂和血性浇灌的人格魅力，比他的学术成果影响更加深远，通过血脉，代代传承。

没有血性的人性，不是完整的人性，容易滑入放弃担当、仰人鼻息、逆来顺受的奴性。出卖杨靖宇的四位叛徒都是失去了血性，最终只能给别人当奴才。如果让这种无原则、无条件、无界限的“人性”，成为一批人的旗帜。人的尊严、是非曲直、真理道义，都在忍、隐、退的灌输下，变得无足轻重。与此相适应，“人在屋檐下，哪能不低头”“识时务者为俊杰”“活麻雀比死老鹰强”等价值取向，在我们社会大行其道，中华民族怎有希望?！精细入微的利益算计，丢掉的恰恰是国家民族的品德和尊严。唯有血性才能冲破种种过于精细的利益考量，方能彰显一个国家、一个民族做人的品德与生命的尊严。“我们中国人都投降了，还有中国吗?”杨靖宇将军的话震人心魄，他用周身沸腾的血性和整个生命，极大地表现出中国人惊天地、泣鬼神的人性。今天之所以还能有中国，就因为有杨靖宇这样的共产党人，在最黑暗、最困难、最无助、最万念俱灰的时候，仍然在用他们的灵魂，用他们的血性，支撑着中华民族的脊梁。

在战火纷飞的年代，军人用自己的灵魂和血性撑起国家独立、民族解放的伟业；在社会主义革命和建设时期，军人亦用自己的灵魂和血性托起了中国腾飞的梦想。如今，在实现中华民族伟大复兴的奋斗中，在建设世界一流军队的征程上，更是必然要求新一代军人用自己的灵魂和血性、忠诚和奉献，托起强国强军的梦想。被金一南教授“点赞”的张永义将军，虽然即将退役，但凭着自己的灵魂和血性，依旧尽心竭力为军队现代化服务，尽心竭力为提升战斗力拼搏。

不同的时代有不同的矛盾和问题。新时代的革命军人面临着新形势下的严峻考验。面对一些西方国家的“文化冷战”和“政治转基因”工程，忠诚之“魂”能不能铸得牢？信念之“根”能不能扎得稳？面对当今社会思想文化多元多变，各种价值观念交锋碰撞，我们能不能保持人民军队的光荣传统和优良作风？红色基因能不能血脉相承？缺少风雨历练的年轻一代官兵，还有没有老一辈军人那种刺刀见红、敢于亮剑的勇气？有没有“一不怕苦、二不怕死”的战斗精神？回答解决好这些重大现实问题，需要对军人进行精神重塑。

当代中国军人尤其是青年官兵，既是强国强军的筑梦人，又是继往开来的接班人。要防范“政治生态恶化”“血脉基因异化”“革命本色蜕化”的现实危险，形成养育灵魂、培育血性的机制体制，以灵魂铸造军人的脊梁、以血性淬炼胜利的刀锋，立起新一代革命军人的好样子，才能做到政治靠得住，风浪击不垮，战场打得赢，肩负起强军兴军的历史使命。

案例四　新时代强军报国的追梦人

案例内容：

只要祖国需要，就向前冲。时代楷模杜富国如此，妹妹杜富佳如此，他们的两个弟弟也是如此。

面对生死雷场，杜富国选择“让我来”；

直面新冠病毒，杜富佳奔赴一线“尽己所能救死扶伤”。

刚刚参加工作的老三杜富民，作为一名新入职的 ICU 医生，在此次新冠肺炎疫情防控阻击战中始终坚守在一线岗位。

在西藏军区某边防团当兵的老四杜富强，春节刚过，就跟随战友踏上了连队最艰险的巡逻路——阿相比拉。这条巡逻路他一走就是三年。

少小秉承报国志

1991 年 11 月，杜富国出生在贵州省湄潭县兴隆镇太平村，是当年红九军团的所在地。父亲和母亲希望孩子们长大后能为国家多做贡献，遂给 4 个孩子取名为“富国”“富佳”“富民”“富强”。

杜富国的父亲杜俊，为人忠厚老实，博施济众，深受乡里乡亲敬重。4 个孩子享受着改革开放的成果，一个个长大成人，他经常嘱咐孩子们要传承好中华民族的传统美德。“我们生活在‘家’与‘国’中的每一个人，都应该有家国情怀，小家温暖幸福只能是小家，全民温暖幸福才是大家。”“作为社会中的每一员，都应该为国家的发展献计出力。”

杜富国家门口的小路，就是当年红军走过的路；杜富国兄妹就读的皂角小学，就是当年红军收养革命烈士子女和遗孤的保育院。杜俊经常给孩子们讲：“不要忘了红军为老百姓打天下的艰难。家是最小国，国是千万家；有了强的国，才有富的家。”

关键时刻冲得上

2010 年 12 月，杜富国在当年红军战斗过的地方——湄潭县城的红九军团司令部旧址旁，穿上绿军装、戴上大红花，成为一名解放军战士。

当时杜富国的父亲杜俊开办砂石场，正缺人手，不少人都劝杜俊将杜富国留在身边帮忙，但杜俊认为，“作为一个男儿，就要到部队为国家尽忠”。

2015年夏，杜富国进入扫雷部队，第一次亲眼见到了雷区附近身体残缺的乡亲们，他暗下决心：“一定要把这一片片雷场清除，还边境人民一片净土。”

2016年11月，杜富国面对党旗庄严宣誓，成为南部战区陆军云南扫雷大队组队后发展的第一批共产党员。为什么入党？杜富国说：“我入了党，就有资格走在前面挑担子、带头干。”

他在扫雷请战书上写道：“我思索着怎样的人生才是真正有意义有价值的，衡量的唯一标准是真正为国家做了些什么，为百姓做了些什么……我感到这就是我的使命……”

边疆雷场多在深山密林，郁郁葱葱的植被下藏着数不清的凶险。杜富国3年先后进出雷场1000余次，累计排雷排爆2400余枚，处置险情20多次。

2018年10月11日下午，老山西侧的坝子雷场正在进行着最后的收尾工作，“嘀呜，嘀呜……”杜富国手中的探雷器响了。他用对讲机报告：“发现少部分露于地表的一个弹体，初步判断是一颗加重手榴弹。”在接到“查明有无诡计设置”的指示后，杜富国对同组作业的战友艾岩说：“你退后，再退后一点，让我来。”

正当杜富国按照作业规程，小心翼翼地清除弹体周围的浮土时，意外发生了，“轰”的一声巨响，杜富国永远失去了双手和双眼。

危难关头勇出征

2月20日下午，湄潭县人民医院急诊科护士杜富佳接到通知，她递交的请战书已被批准，要求当天前往贵阳接受培训，第二天启程奔赴武汉。顾不上回村里向家人道别，这个26岁的女孩连忙赶回住处，拖出早已准备好的行李箱，踏上了前往抗击疫情最前线的征程。

“学医就是为了救死扶伤，这一刻，我一直在等待。”杜富佳是家里的老二，除夕那天，陪家人吃完午饭，还没顾上和哥哥杜富国说上几句话，便匆匆离开了家。此前，医院发出了共同抗击疫情的倡议书，几乎在第一时间，杜富佳就向科室主动报了名。

检查病房、测量体温、更换吊瓶、输液打针……湄潭县人民医院是新冠肺炎定点救治医院，原本忙碌的急诊科变得更加紧张。

凭借4年来在不同科室积累的扎实经验，杜富佳在做好护理工作的同时，还要耐心地给发热病人作心理疏导，照顾完所有病人，蓝色头套早已被汗水浸透。

为了表达自己奔赴一线的决心，杜富佳两次向医院申请支援湖北，没等到正式批准，她就找机会自己练习穿脱防护服，认真学习新型冠状病毒肺炎诊疗方案，还下决心剪去留了10多年的长发。登机前，杜富佳摆出一个胜利的手势，这是她在为自己和队友们加油。

“雷场是哥哥的战场，抗疫前线就是我的战场。”杜富佳说，希望能和哥哥一样，不管遇到什么危难，也要冲在前面守住自己的阵地。

为患者24小时待命

湄潭县人民医院数公里外，湄潭家礼医院重症监护室里，杜富国的三弟杜富民也在忙个不停：密切观察患者病情，研究治疗方案，及时完善病程记录……一个班要值守24小时，杜富民争分夺秒和“死神”搏斗，与时间赛跑，尽最大可能挽救每一个生命。

跟姐姐一样，春节期间杜富民一直坚守医院，也主动提交了请战书，但因为实战经验不足，他的申请没有获得批准。“虽然不能到武汉一线去奋战，但重症监护室也需要人，我要像战士一样站好自己的岗，越是艰难时刻越不能掉以轻心。”

疫情发生后，医院工作量陡增，作为一名刚工作不久的年轻医生，杜富民心里清楚，这是一次考验，也是一种历练，只有迎难而上才能进步成长。“离开病房总感觉心里不踏实，再说看到有医生随时守护着，病人才会更安心。”这段日子，不管是不是自己值班，杜富民每天都会出现在医院，即使和姐姐合租一套房，姐弟俩也很少有机会打照面。

“跟大哥执行排雷任务一样，治病救人就是我的天职。”“救活一个患者，就相当于打赢一场生命保卫战，除了全力以赴，别无选择。”每天都处在生死攸关的十字路口，杜富民说自己没有退路，只要患者有一线希望，他和同事们就会尽百倍努力去救治。

踏着哥哥的英雄足迹走

春天的青藏高原，阳光普照，碧空如洗。

喜马拉雅山脉北麓某边防部队，杜富强和战友刚刚从连队最艰险的巡逻路——阿相比拉返回。

阿相比拉巡逻路很艰苦，悬崖绝壁之上的羊肠小道，杜富强和战友们每次巡逻都要背着30千克重的行囊，在陡峭的悬崖、崎岖的山路上攀爬，一趟下来要蹚过10余条冰河，翻越好几座雪山。

“阿相比拉”是艰险的代名词。当跨越了这种“艰险”之后，当在哨点上展开国旗的那一刻，杜富强的眼圈红了，他开始更加理解哥哥，更加明白了哥哥说的“把青春融进祖国的心跳”这句话的含义。

小时候，杜富强是四兄妹中最喜欢模仿哥哥的，自认为是“小杜富国”。2014年，杜富国回家探亲，杜富强就把大哥的军装反反复复穿了好几回。“瞅着大哥的军人气质，我就暗下决心要参军。”

2016年9月，杜富强如愿以偿，成为一名边防战士。

杜富强说：“巡逻是我们的日常任务，连队巡逻路大部分是在无人区，地质条件复杂，气候恶劣，时常会发生洪水、泥石流；一会儿艳阳高照，一会儿大雪纷飞，没有坚强的毅力和意志，你就很难成为一名合格的边防战士。”

“高原缺氧不缺精神。”杜富强凭着“多吃苦”“多忍耐”的不服输劲头，如今已成为优秀的守防人，多次出色完成巡逻任务，还被表彰为优秀士兵。

“脱下军装，我们是兄弟；穿上军装，我和哥哥是战友。如今哥哥伤残，边防这么大，一个军人都不能少，我要踏着哥哥的足迹走，完成大哥未尽完的义务。”杜富强说。

案例思考：

1. 为什么杜富国兄妹在不同的岗位有着同样的担当？
2. 作为青年官兵，该如何书写自己的青春答卷？

案例解读：

英雄家　赤子心

家国情怀是这个“最美战疫家庭”的“关键词”。面对生死雷场，杜富国选择“让我来”；直面新冠病毒，杜富佳奔赴一线“尽己所能救死扶伤”；戍守边关的杜富强说：“边防这么大，一个军人都不能少！我要踏着哥哥的足迹走。”杜富国兄妹的家国情怀不是抽象概念，而是体现在具体行动上。只要祖国需要，就向前冲。杜富国如此，杜富佳如此，他们的两个弟弟也是如此。

富国、富佳（家）、富民、富强，国富民强！父亲杜俊把那个年代最朴素的家国情怀“刻”进了孩子们的名字里。红色的土地，良好的家庭熏陶，让红色基因融入了杜家兄妹的血液，家国情怀深入了他们的骨髓。家庭作为社会的基本单元，在物质上和精神上都承担着诸多的社会功能，家和万事兴，家齐国安宁。习近平总书记指出，“不论时代发生多大变化，不论生活格局发生多大变化，我们都要重视家庭建设，注重家庭、注重家教、注重家风”。杜富国正是杜家优良家风的最好诠释，面对危险“让我来”、脏活累活“我先来”、开辟通道“跟我来”、遇到困难“有我在”的品格，潜移默化中成为弟弟妹妹们的支柱，成为弟弟妹妹们效仿的榜样。而也正是有了这样的精神内核，他的弟弟妹妹们才能在国家有难的关键时刻挺身而出，勇敢担当。

作为新时代的青年官兵，我们应向杜富国兄妹学习，增强家国情怀，将个人的前途命运与国家、民族结合起来。轰轰烈烈、抛头颅洒热血的是英雄，“碰到危难不会退缩”的同样是英雄。“不退缩”“让我来”同根同源，雷场上杜富国用实际行动叫响了“让我来”，疫情面前，杜富国的胞弟胞妹用实际行动践行着“不退缩”的热血豪情。因此，无论是危险时刻还是和平时期，只要始终把忠诚和信仰刻在心中，时刻把使命和责任扛在肩上，多一些“让我来”的品格和担当，多一些冲在前的勇气与姿态，做新时代的追求者、奋斗者，在平凡岗位上就一定能为国家富强、民族振兴、人民幸福的伟大事业做出应有贡献。

案例五　聚焦战争制胜机理　让科技变革为胜战筑基

案例内容：

材料一　量子技术颠覆未来战争①

美国一家智库的研究报告指出，人类历史上第二次量子革命已开启，将诞生一系列量子技术。一些量子技术已经在探测、通信、计算等领域初显身手，并逐步应用于军事领域，这将对现代战争产生深远影响。

量子探测：将引发战场侦察巨变

量子探测主要是利用量子纠缠等特性，实现对战场目标感知、测距、定位及成像等。当前，量子探测主要应用于量子雷达、量子成像和量子导航等领域，受到多国军队的青睐。

量子雷达，被喻为洞察千里的“火眼金睛”，能够有效探测隐身飞机和隐身导弹。相比传统雷达，量子雷达可在复杂背景噪声干扰中剥离出探测目标，且“精准无比”。未来，利用量子成像传感器进行战场观测，可有效消除现有技术对成像产生的干扰，并过滤大气气流等干扰因素，形成普通雷达观测设备无法直接获得的战场图像。

英国军事专家表示，一旦量子雷达服役，隐身战机将再无优势可言。量子雷达将会引领人类战场探测进入一个全新的时代。

量子通信：将引发信息安全革命

与传统通信技术相比，量子通信具有高可靠性、高保密性和不间断传输的特点。在安全性方面，量子的不可分割性和不可克隆原理，使窃听量子通信内容的任何举动都会被发现；量子通信的一次一密随机加密方式，令加密内容不可破译，确保通信网络的无条件安全。量子通信可有效弥补水下通信短板，同等条件下量子通信所需信噪比比其他通信手段低，且量子通信与传输介质无关，可实现隐蔽通信。更重要的是，量子通信信道容量大、通信速率高、安全性好，可充分满足战场条件下对保密通信的迫切需求，令战场通

---

① 参见邱子超：《量子技术颠覆未来战争》，《中国国防报》，2019－02－12。

信驶入“快车道”，有了“安全锁”。

可以预见的是，量子通信作为安全高效的通信方式，将充分满足一体化联合作战需求，实现战场与各军兵种之间高效互联互通和信息情报共享。

量子计算：将引发“庙算”革命

与经典计算机相比，量子计算机的突出优点是存储能力强、运算速度快。量子计算机的存储能力惊人，一枚由250个原子构成的量子存储器，可存储数据量达到2的250次方，其数量比宇宙中已知的全部原子数目还要多。最新一代量子计算机采用1000个量子比特位，相当于“1000进制”计算机，运算速度是传统计算机无法比拟的。

当前，量子计算机的实用化、军事化进程正在加速，主要军事价值体现在3个方面：运用量子计算机等相关技术，可以快速破解敌方现行密码，掌握信息主动权；对海量情报数据进行实时分析和判断，全面掌握战场态势，提高决策能力；用于复杂武器系统的研发过程，提高研发效率等。比如，量子计算可以对海量数据进行实时分析处理，加强战争预测、作战方案制定与评估等能力，提高作战规划、指挥决策效率。

材料二　人工智能如何颠覆未来战争①

近年来，在大数据、新型算法和超级计算的推动下，人工智能正在改变乃至颠覆所触及的每一个行业，战争亦不例外。人工智能将如何颠覆未来战争？

庙算为先，速度制胜，战争设计日趋精细

未来战争对“庙算”的依赖度有增无减，人工智能至少可以从两方面增强战争预判的有效性：

一是更加精确地计算并预测战争结果。在先进算法和超算能力的支撑下，人工智能系统的计算和预测结果比人脑更加准确。二是借助兵棋系统能更加有效地检验和优化作战方案。

人工智能的速度优势，可以缩短己方在战场上的决策周期，牢牢掌握行动优势。2018年7月，俄罗斯武器制造商卡拉什尼科夫公司宣称，已研制出

① 参见陈航辉：《人工智能：如何颠覆未来战争》，《中国国防报》，2018-01-02。

基于人工神经网络的全自动战斗模块，能做到发现即摧毁。另外，美军则在研发自动化数据分析工具、自动目标识别软件、机载智能决策助手、数字化空中作战规划员等智能工具，意图在决策周期各个环节上减轻情报和作战人员的负担，提高决策效率。

自主对抗，作战模式引发变革

未来，随着传感技术、新型算法、大数据技术等智能化技术群的进步，武器系统的自主行动能力将大幅提升，武器系统自主对抗的情况将越来越普遍。而在特定作战领域，如网络空间和电磁频谱领域，人类只能依托智能化武器系统进行自主对抗。与此同时，随着高超音速武器和集群作战的出现，战争将进入“秒杀”和“群架”时代，利用智能系统自主迎战几乎是唯一出路。

另外，随着智能化武器系统的自主对抗成为新常态，作战模式将逐渐从“人在回路中”向“人在回路上”转变。新模式的主要特征可概括为“指挥之中、控制之外”，即在多数情况下，人类战士扮演监督员的角色，负责在开战前输入目标特征和设定交战规则，观察战场交战情况等。新模式的最大优势是可以使人类战士从纷繁复杂的决策中解放出来，聚焦于主要决策和关键任务。

集群作战，让消耗战重焕生机

所谓集群作战，是指集中部署成百上千个智能化武器，从多个方向对目标实施攻击。与传统作战方式相比，集群作战具备四大优势：

一是单个平台小型化，战场生存能力大幅提升；二是去中心化，个体的损失不影响整体功能；三是成本低廉，数量庞大，作战效费比成倍提高；四是可实施饱和攻击，瘫痪敌方防御体系。不难看出，集群作战能够达成“数量即质量”的效果，因此，被认为是智能时代的消耗战。

从水下“狼群”到地面“蚁群”再到空中“蜂群”，集群作战将在未来智能化战场上大行其道。“人海战术”将改头换面重新登场，消耗战的天平将向具备集群作战能力的一方极度倾斜。未来可能出现这一场景：一边是遮天蔽日、蜂拥而至的智能机器，另一边是惊慌失措、形单影只的人类战士……

材料三　5G 改变未来战争①

5G 移动通信网络与物联网、云计算、人工智能、虚拟现实、生物特征识别等 5G 信息技术有机结合，将在未来的军事领域发挥巨大作用，推动信息化战争向智能化战争转变。

提升战场数据信息共享速度。现代战争是基于信息系统的体系作战，战场数据和信息量呈现爆炸式增长。基于 5G 移动通信网络的信息系统，能够高效采集、传输和处理海量的战场数据，为指挥员提供实时数据分析结果，建立对战场态势的高度感知；依托智能指挥控制平台，对战场重要目标进行实时侦察、识别、监视、跟踪和预警，快速更新指挥控制系统中的战场态势信息。战时，联合作战指挥机构和指挥员可以利用历史信息进行决策，并将历史信息与实时数据结合，以获得更加全面准确的视角。

推动战场指挥控制智能化。5G 移动通信网络高速率、低延时的特性，可以帮助操作员实现对战场智能化系统的精确操控。例如，在战地医疗中运用 5G 移动通信网络，可以实现医生与机器人手术平台远程连接，为伤病员提供远程手术的技术支持；后勤装备保障部门可以灵活控制无人车、无人机、无人艇，提升战场物资和装备配送的效率；智能武器装备系统可以在毫秒级别的控制周期内完成传感器测量、数据传输和智能解算等任务。随着军事领域海量设备和数据信息的增长，5G 移动通信网络不仅承载人与人之间的通信，而且还承载人与物、物与物之间的通信，既可支撑大量终端，又能支撑个性化、定制化应用。

提高战场信息系统构建效率。未来战场将进入“秒杀”时代，高速度、大机动和远射程装备的发展趋势，使得战争节奏显著加快，要求提升战场信息系统的快速机动、快速展开、快速通联等能力。借助基于 5G 移动通信网络的智能指挥控制系统，联合作战指挥机构和指挥员可以协调、优化军事通信网络上各类设备使用频谱的方式，进行高效系统构建。另外，5G 移动通信网络具备覆盖面广、适应性好、兼容性强等显著特点，能够提供高速可变速率传输，满足不同作战方向、作战区域、作战部队的联网需要，战时无须频

---

① 参见季自力、王文华：《5G 改变未来战争》，《国防科技工业》，2019（09）。

繁调动军用通信卫星、预警机、电子战装备等资源，即可实现战场信息终端的互联互通。由于通信网络系统互通、信息共享，解决了不同平台的互联互通问题，各军兵种指挥官可通过显示屏看到真实的战场环境和战场态势，使得各军兵种更加有效地协同作战。运用5G移动通信网络的自组网技术，可以解决战时通信网络部署阶段的自规划和自配置，通信网络维护阶段的自优化和自愈合。

案例思考：

1. 新一代颠覆性技术将对未来战争产生怎样的影响？
2. 如何正确理解科技强军战略的重大意义？

案例解读：

科技是现代战争的核心战斗力

进入21世纪，世界新一轮科技革命、产业革命、军事革命交织推进，正重构全球创新版图、重塑全球经济结构、变革全球军事力量，科技领域呈现出多点、群发性突破的生动景象，导致新一代颠覆性技术集中涌现，必将对未来战争形态产生变革性影响。

人工智能、大数据、量子信息等新一代军用信息技术大幅提升战场信息支援保障能力。信息技术是信息化战争制胜的关键技术，也是信息化武器装备建设的主要支撑。随着新一代信息技术的重大突破和广泛应用，可以有效解决当前信息技术发展的瓶颈问题，加速从数字化、网络化向智能化跃进，一旦应用拓展到战场感知、军事推演、指挥决策、武器装备等领域，将使军队在信息获取、数据传输、情报支援、信息服务方面的能力得到大幅提升，同时具有超强的感知能力、思维能力、学习能力、自适应能力和行为决策能力，实现指挥控制一体化和互联互通互操作，变革战场信息支援保障方式。

以环境感知、智能控制、系统协同等技术快速发展将使无人化战争成为未来作战的主要样式。未来作战，越来越多的士兵将从炮火硝烟的战场转移到安静的计算机终端前，“平台无人、系统有人”的无人化特征将成为下一阶段信息化战争的重要标志，无人作战将成为未来信息化战争的主要作战方式。

以自主智能、自主控制等自主系统关键技术的突破促使战争形态向智能化战争形态发展。随着自主军事系统的作战效能和自主能力的大大增强，未来可在没有作战人员干涉的情况下自主决策、自主选择打击目标，将给情报、监视、侦察、体系对抗及反恐作战等带来革命性变化，大大提升作战效能，进而催生出自主战争的概念，对作战理论、作战方式、指挥体制等产生重大影响，推动未来信息化军队走向高级阶段——智能军队。

科技是现代战争的核心战斗力。从一定意义上讲，科技实力决定军事力量的强弱，也决定着各国各民族的前途命运。当前，全球范围内的科技创新和产业调整快速发展，人类社会正处于由信息化向智能化转变的历史阶段。以微电子技术、信息技术、人工智能和量子技术等为代表的一大批尖端前沿性、颠覆性技术不断突破，未来战争的信息化程度越来越高，高端科技的“命门”作用就越来越明显。在科技创新不断突破面前，谁掌握了前沿性、颠覆性技术，谁就能抢占先机，赢得战略主动。近代以来，我国曾错失科技革命、产业革命和军事革命的机遇，屡屡陷入被动挨打的境地。历史昭示我们，不创新技术、不顺应变革，就不可能建设出强大的国防和军队，就不可能有民族尊严和国家独立。把科技兴军战略纳入强军事业战略布局，对于我们积极推进国防科技自主创新，下好先手棋、打好主动仗，积极谋求军事技术竞争优势，不断开创科技强军新局面，掌握军事竞争的战略主动权具有重大的意义。

案例六　川陕渝国防工业军民融合发展路径[①]

案例内容：

实施军民融合发展战略是新时代中国从大国走向世界强国的必由之路。西部国防科技工业作为我国国防工业的重要组成部分，中华人民共和国成立

① 参见王凤丽:《川陕渝国防工业军民融合发展路径的思考》,《宝鸡文理学院学报(社会科学版)》,2019,39(03)。

70 多年来的发展，特别是改革开放 40 多年军民融合取得的巨大成就，已成为我国国防科技工业发展的缩影。在改革开放 40 多年中，川陕渝三地国防军工单位不断深化改革，基本完成战略转型，为军民融合奠定了良好的发展基础，形成了各具特色的军民融合发展路径，取得了令人瞩目的成绩。

材料一　四川绵阳国防工业“军地融合”的发展路径

绵阳是西部重要国防工业基地，拥有大量国防科研单位，以及数十位中国工程院和中国科学院院士在内的几十万国防科技专业人才，几十个国家级、省市级科研单位和技术研发中心。绵阳国防军工科研、管理、后勤自成体系，奠定了较好的国防科技工业基础。

2000 年 9 月，在继北京中关村、陕西杨凌两个科技城之后，基于绵阳的国防军工优势，党中央、国务院做出了在西部建设绵阳科技城的重大决策。绵阳市政府以创建“绵阳科技城”为载体，发挥市内国防科研院所和人才、技术优势，为国防单位提供军民技术融合所需要的一切优越环境和基础，在土地、税收等方面出台了一系列政策给予支持，重点建设了“军转民内迁工业园”，将园区内的国防科研院所技术、人才、科研、设备的优势充分整合，发挥产业优势，加快军用技术成果市场化进程。同时，构建军民结合科技创新体制，搭建科技创新平台，共享军地科技资源，形成军民之间和行业之间的信息交流链，有效地推动了资源共享、科研开发、成果转化三大科技创新平台的发展。经过多年实践，依托区域内独有的大批骨干高科技国防科研院所和实力雄厚的军工企业，绵阳科技城摸索出一条适合当地军民融合发展的独特路径，“院企联合”“军工自转”“院所自转”“军转民与民参军”，创造出“一企业、一院所、一特色、一产业”的“四一”模式。目前，绵阳拥有以长虹集团、九洲集团等为代表的军民融合大中型骨干企业 50 余家。2017 年，科技城 GDP 达到 1477 亿元，科技创新综合水平指数达 70.6%，32 家军民融合企业的产值已达 1530 亿元。绵阳市在体制创新、产业发展、科技成果转化等方面依靠创新驱动取得巨大成效，进一步巩固了其国防军工科技重镇的地位。目前已建成亚洲唯一的高空模拟试车台，正在建设燃气轮机燃烧工程技术研究中心和位居世界第二的航空发动机试验基地，在北斗导航和空管等应用领域已位居全国前列。未来绵阳将建设军民融合的合作开放体系和协同发展服务平台体系。

材料二 陕西军民“高新技术融合”的发展路径

陕西地处国家军民融合战略要津，位于创新驱动和“一带一路”发展建设的关键位置，其突出特征就是高新技术资源与高科技人才集聚。陕西有我国最大的飞机制造基地，被誉为中国的航天动力之乡、兵器工业重镇。实力雄厚的国防军工科研院所和军工企业是陕西最具有竞争力的领域。在军民融合发展实践探索中，陕西以发展航空、航天、船舶、兵器、核能等具有军工特色的高新技术产业、特色产品、关联产业为目标，充分发挥军工单位集聚的特点和军工科技实力雄厚、技术装备精良、产业辐射力强的优势，以高新技术产业园区建设为抓手，以技术融合为途径，探索建设陕西军民良性互动深入融合的高新技术产业基地和产业联盟，并以西安地区为依托，积极探索军民融合发展路径。政府创造宽松发展环境，对军民两用技术成果转化加大支持力度，把军工民用技术项目与招商引资项目同等对待，出台和实施的诸多优惠政策，进一步促进了陕西军民融合，形成了实力雄厚、创新成果丰硕的军民融合产业集群。规模在100亿元的军民融合产业投资基金在2017年9月组建，是用于支持和推进陕西省国防科技工业军民融合的重点项目。预计将建成100个军民兼容技术支撑平台、10个百亿元级和10个50亿元级军民融合集团、4个500亿元级军民融合基地、6个200亿元级园区，新培育300家军民融合创新型企业。陕西探索建设高新技术产业基地和产业联盟的军民融合发展路径成果显著。2017年全省军民融合产业总收入达到2780亿元，产业规模已经位居全国第二。截至2018年3月，已培育军转民企业300多家，民参军企业600多家，组建9个军民融合产业联盟和10余家军民融合众创空间。

材料三 重庆“政产军学研商”多主体军民协作集成创新的军民融合路径

重庆是我国国防船舶工业和武器装备工业基地，具备深入发展军民融合产业的先天优势和雄厚基础。目前，“重庆拥有军工企业事业单位130家，其中，军工央企在渝单位近40家，2017年全市国防科技工业总产值完成2898

亿元，占全市规模以上工业总产值的11.2%”①，在汽车、摩托车、船舶等行业的装备制造和服务运营方面已经形成了军民融合优势产业集群，国家级的军民融合产业示范园区已经在西江、璧山新区建立。

重庆市在探索军民融合发展的实践中，深入挖掘本市独有的国防军工科研资源优势，充分发挥重庆的直辖市作用，市政府主导大胆改革，突破军民分离体制的限制，打破条块分割的制约，军民、军地不分彼此，集成各方面优势科技力量，弥补科技资源的不足，摸索出了一条“政产军学研商”相结合、六位一体的多主体军民协作集成创新发展路径。在军民融合深度发展过程中，重庆市政府抓住问题导向，为军方的需求和民企的拥有破除障碍，无缝对接。着力引进和重点培育具有多主体的合作创新研发机构，集成一批新型高端研发平台。如“军民融合协同创新研究院、中船重工西南装备研究院、重庆汽车智能制造与检测产业技术研究院。由重庆军民融合协同创新研究院牵头，联合22家高校、科研院所和企业组建了智能传感器等产业技术创新联盟，国防部门需要的订单，民用企业拥有的技术优势，都汇聚到这个‘资源池’，通过常态化机制，及时发布供需信息，不定期召开培训咨询活动，从而使军民融合双向转化更加便捷”。② 近年来，重庆市军工企业共获得60多项省级科技成果、40多项国家级成果。这些成果的转化率极高，其中高新技术产品的40%与军民两用相关。重庆通过成功举办八届国际军博会，签约1700多项、合同金额850余亿元的军工项目，使大批具有高新技术的军民融合科技成果在重庆落地转化。

案例思考：

1. 川陕渝三地各自的军民融合经验是什么？

2. 新时代国防工业军民融合深度发展可以从川陕渝国防工业军民融合得到什么启示？

---

① 参见丁刚：《支持重庆建立国家军民融合创新示范区》，搜狐网，2018-03-05。

② 参见崔佳：《军民融合深度发展步履坚实》，《人民日报》，2018-07-22。

案例解读：

军民融合之路向深行、朝宽走

川陕渝三地的国防科技工业在探索军民融合发展的实践中，依据各自不同的国防资源优势与区域经济特点，形成了各具特色的军民融合发展路径。

可以看出，四川绵阳探索国防工业军民融合发展的主要经验是：依据自身国防科技资源优势，围绕军民融合国家战略发展需要，地方政府在土地、税收、园区建设等方面提供政策支持，政府出面搭建科技创新平台，整合优质资源，形成军民供需信息交流链，推动科研开发成果转化，从而走出一条“军地融合”的创新路径。陕西探索军民融合发展的实践经验，就是以军民高新技术融合为途径，建设军民融合高新技术产业基地、联盟，从而形成深度的军民融合高新技术产业群，互利共赢。重庆探索出的国防工业军民融合发展经验，就是政策引领、平台支撑、技术创新、协调发展、多主体军民协作的集成式军民融合路径。

川陕渝国防科技工业在探索军民融合发展的实践中，所形成的军民融合发展路径，为新时代国防工业军民融合深度发展提供了重要启示与借鉴。

一要强化制度改革创新，降低国防工业军民融合制度性成本。在实施军民融合发展战略、推进国防工业军民深度融合过程中，首先必须强化军民二元体制创新改革，彻底破除制约军民融合深度发展的体制性障碍，加快制度的改革创新与重构，打破制约国防工业军民深度融合的制度障碍，为国防工业军民融合深度发展提供制度保障和支持。

二要加大加快军民高新技术融合，提升国防工业军民深度融合质量。在国防工业军民融合深度发展中，打破传统军转民的低水平军民融合方式，加快高新技术融合，以新兴的军民融合产业集群，促进和提升军民融合的质量与水平，从而推进我国国防工业军民融合深度发展。

三要完善国家军民融合立法，为国防工业军民融合提供法律保障。在现有相关法律体系框架下，依据不同领域和不同部门的政策文件进行的军民融合实践探索，缺乏国家层面军民融合法律依据，如军民高新技术产权界定不清晰、军品市场准入法律不完善、民进军的法律滞后等，都将影响未来国防工业军民深度融合的发展。因此，完善国家军民融合立法，为国防工业军民融合提供法律保障，已成为深入推进国防工业军民融合发展的紧迫任务。

难点解惑

1. 如何理解强国必须强军？

答：一是科学揭示历史规律。强国必须强军，军强才能国安。这是习主席从世界格局数百年演变史、近代以来中华民族伟大复兴进程屡被打断的屈辱史中得出的基本结论。1840 年，中国 GDP 占世界 25% 至 30%，居世界第一，却被一支 4000 人的英军打败；1900 年，中国 GDP 居世界第三，但清朝皇帝却被八国联军赶出了京城。历史一再证明，军事上的落后一旦形成，对国家安全的影响将是致命性的。习主席曾说："我经常看中国近代的一些史料，一看到落后挨打的悲惨场景就痛彻肺腑！"

二是科学判断历史方位。习主席作出中国特色社会主义进入新时代、国防和军队建设也进入新时代的重大判断，标定了我军建设发展的历史方位。新时代意味着新起点，更意味着新考验。现在，我们前所未有地接近实现中华民族伟大复兴的目标，但是，中华民族伟大复兴绝不是轻轻松松、敲锣打鼓就能实现的。我们越是发展壮大，面临的压力和阻力就越大。由大向强、将强未强之际往往是国家安全的高风险期。"树欲静而风不止。"美国等西方国家千方百计算计、打压我们，总想使绊子、下套子、找茬子。在实力政治、丛林法则依然大行其道的今天，美国强行推行单边贸易保护主义，造成中美贸易摩擦持续升级。面对国家安全的严峻形势，我们必须有防身利器，有慑战止战、敢战胜战的能力。军事手段是实现伟大梦想的保底手段，军事斗争是进行伟大斗争的重要方面，打赢能力是维护国家安全的战略能力。我们比历史上任何时期都更需要建设一支强大的人民军队。

三是科学确立使命任务。军队使命是同党的历史任务、国家根本利益紧密联系在一起的。习主席着眼实现中华民族伟大复兴，把握新时代国家安全战略需求，强调军队必须服从服务于党的历史使命，为巩固中国共产党领导和我国社会主义制度提供战略支撑，为捍卫国家主权、统一、领土完整提供战略支撑，为拓展我国海外利益提供战略支撑，为促进世界和平与发展提供战略支撑。这"四个战略支撑"是党和人民赋予军队的新时代使命任务，也是我军新时代全部价值所在。

2. 如何理解党对军队的绝对领导是人民军队建军之本、强军之魂？

答：党的领导是人民军队战无不胜的根本保证。人民军队从诞生之日起，就始终在党的绝对领导下行动和战斗。毛泽东曾经指出："我们的原则是党指挥枪，而决不容许枪指挥党。"① 党对军队绝对领导的根本原则和制度，发端于南昌起义，奠基于三湾改编，定型于古田会议，是人民军队完全区别于一切旧军队的政治特质和根本优势。有了中国共产党的坚强领导，人民军队前进就有方向、有力量。

党对军队的绝对领导，其基本内容是：军队必须完全无条件地置于中国共产党的领导之下，在思想上政治上行动上始终与党中央、中央军委保持高度一致，坚决维护党中央、中央军委权威，任何时候任何情况下都坚决听从党中央、中央军委指挥。

坚持党对军队的绝对领导不是抽象的原则要求，而是有一整套制度作保证的。比如军队最高领导权和指挥权属于党中央和中央军委，中央军委实行主席负责制等。

坚持党对军队的绝对领导，把党指挥枪的原则落到实处。第一，不折不扣落实好党领导军队的一整套制度。第二，坚持完善干部选拔任用机制，增强选人用人的科学性、公信度。第三，严守政治纪律和政治规矩，加大从严治党、从严治军力度，强化"四个意识"，确保全军官兵一切行动听从党中央、中央军委指挥。

学习金句

一、 政治建军

要深入贯彻全军政治工作会议精神，坚持从思想上政治上建设和掌握部队，努力培养有灵魂、有本事、有血性、有品德的新一代革命军人，锻造具有铁一般信仰、铁一般信念、铁一般纪律、铁一般担当的过硬部队。

——《深入推进政治建军改革强军依法治军》（2016 年 1 月 5 日），《习

---

① 参见《毛泽东选集》第 2 卷，547 页，北京：人民出版社，1991。

近平论强军兴军》，解放军出版社2017年版，第394页

历史告诉我们，党指挥枪是保持人民军队本质和宗旨的根本保障，这是我们党在血与火的斗争中得出的颠扑不破的真理。有了中国共产党，有了中国共产党的坚强领导，人民军队前进就有方向、有力量。前进道路上，人民军队必须牢牢坚持党对军队的绝对领导，把这一条当作人民军队永远不能变的军魂、永远不能丢的命根子，任何时候任何情况下都以党的旗帜为旗帜、以党的方向为方向、以党的意志为意志。

——《习近平在庆祝中国人民解放军建军90周年大会上的讲话》（2017年8月1日），《人民日报》2017年8月2日

坚持党对军队绝对领导是我军加强党的领导和党的建设工作的首要任务。要加强党的政治建设，引导全军坚决维护党中央权威和集中统一领导，坚决听从党中央和中央军委指挥。

——《习近平在中央军委党的建设会议上的讲话》（2018年8月17日），《人民日报》2018年8月20日

二、改革强军

深化国防和军队改革，主要是解决制约国防和军队建设的体制性障碍、结构性矛盾、政策性问题，深入推进军队组织形态现代化。

——《以改革创新精神开拓国防和军队建设新局面　为实现党在新形势下的强军目标而努力奋斗》（2014年3月11日），《习近平论强军兴军》，解放军出版社2017年版，第207页

我们要树立向改革要战斗力的思想，坚持以军事斗争准备为龙头，坚持问题导向，把改革主攻方向放在军事斗争准备的重点难点问题上，放在战斗力建设的薄弱环节上，进一步解决和发展战斗力，着力提高我军实战化水平。

——《坚持以强军目标引领改革　围绕强军目标推进改革》（2014年3月15日），《习近平论强军兴军》，解放军出版社2017年版，第218页

着眼于打造精锐作战力量，优化规模结构和部队编成，推动我军由数量规模型向质量效能型转变。

——《习近平在中央军委改革工作会议上的讲话（节选）》（2015 年 11 月 24 日），《习近平论强军兴军》，解放军出版社 2017 年版，第 368 页

要把握军事政策制度改革特殊复杂性，把系统集成作为一个基本理念和原则牢固确立起来。要处理好顶层设计和分层对接的关系，各项改革都要在军事政策制度体系框架下加以推进，搞好上下左右、方方面面的衔接，确保改革整体联动，发生“化学反应”。

——《凝心聚力实施改革强军战略　把新时代强军事业不断推向前进》，《人民日报》2019 年 7 月 31 日

三、 科技强军

我国国防科技发展正处在爬坡过坎的关键时期，必须选准突破口，超前布局，加强前瞻性、先导性、探索性的重大技术研究和新概念研究，积极谋取军事技术竞争优势。

——《习近平在中央军委改革工作会议上的讲话（节选）》（2015 年 11 月 24 日），《习近平论强军兴军》，解放军出版社 2017 年版，第 370－371 页

在国际军事竞争日益激烈的形势下，唯创新者胜。不创新不行，创新慢了也不行。否则就会陷入战略被动，甚至错过整整一个时代。创新能力是一支军队的核心竞争力，也是生成和提高战斗力的加速器。

——《全面实施创新驱动发展战略　推动国防和军队建设实现新跨越》（2016 年 3 月 13 日），《习近平论强军兴军》，解放军出版社 2017 年版，第 451 页

推动军民融合发展是一个系统工程，要善于运用系统科学、系统思维、系统方法研究解决问题，既要加强顶层设计又要坚持重点突破，既要抓好当前又要谋好长远，强化需求对接，强化改革创新，强化资源整合，向重点领

域聚焦用力，以点带面推动整体水平提升，加快形成全要素、多领域、高效益的军民融合深度发展格局。

——《习近平在中央军民融合发展委员会第二次全体会议时的讲话》(2017 年 9 月 22 日)，《人民日报》2017 年 9 月 23 日

要加强国防科技创新，加快建设军民融合创新体系，大力提高国防科技自主创新能力，加大先进科技成果转化运用力度，推动我军建设向质量效能型和科技密集型转变。要密切关注世界军事科技和武器装备发展动向，突出抓好重点领域军民科技协同创新，推动重大科技项目一体论证和实施，努力抢占科技创新战略制高点。

——《习近平在出席十三届全国人大一次会议解放军和武警部队代表团全体会议上的讲话》(2018 年 3 月 12 日)，《人民日报》2018 年 3 月 13 日

四、 人才强军

切实按照能打仗、打胜仗的要求，大力实施人才战略工程，切实在人才培养上投入更大精力，集中更多资源，特别是要把联合作战指挥人才、新型作战力量人才培养作为重中之重，紧紧抓在手里，不断抓出成效，努力推动人才队伍建设整体水平有一个大的跃升。

——《干部队伍建设关系军队建设全局、关系未来战争胜负》(2013 年 6 月 28 日)，《习近平论强军兴军》，解放军出版社 2017 年版，第 97 页

着眼于开发管理用好军事人力资源，推动人才发展体制改革和政策创新，形成人才辈出、人尽其才的生动局面。

——《习近平在中央军委改革工作会议上的讲话（节选)》(2015 年 11 月 24 日)，《习近平论强军兴军》，解放军出版社 2017 年版，第 371 页

人才资源是强军兴军的宝贵战略资源。要加紧构建“三位一体”新型军事人才培养体系，加大联合作战指挥人才、新型作战力量人才、高层次科技创新人才、高水平战略管理人才培养力度。

——《习近平在中央军委党的建设会议上的讲话》（2018 年 8 月 17 日），《人民日报》2018 年 8 月 20 日

军队院校因打仗而生、为打仗而建，必须围绕实战搞教学、着眼打赢育人才。要立起为战育人鲜明导向，一切办学活动都要聚焦能打仗、打胜仗。

——《习近平在视察陆军步兵学院时的讲话》（2019 年 5 月 21 日），《人民日报》2019 年 5 月 22 日

五、依法治军

“令严方可肃军威，命重始于整纲纪。”厉行法治、严肃军纪，是治军带兵的铁律，也是建设强大军队的基本规律。

——《贯彻全军政治工作会议精神　扎实推进依法治军从严治军》（2014 年 12 月 14 日），《习近平论强军兴军》，解放军出版社 2017 年版，第 319 页

违反规定的问题在部队建设很多领域都有表现，各级要强化执行力，维护法规制度权威性，让铁规生威、铁纪发力。

——《深入推进政治建军改革强军依法治军》（2016 年 1 月 5 日），《习近平论强军兴军》，解放军出版社 2017 年版，第 398 页

要加快转变治军方式，按法定职责权限履职用权，依据条令条例和规章制度开展工作。要深入开展纪律教育，严格纪律执行，用铁的纪律推动全面从严治党、全面从严治军。

——《习近平在中央军委党的建设会议上的讲话》（2018 年 8 月 17 日），《人民日报》2018 年 8 月 20 日

第五专题　推动构建人类命运共同体

学习目的

习近平外交思想深化了我们党对新型大国外交的规律性认识，擘画了新时代中国特色大国外交的宏伟蓝图，为新时代中国对外工作的创新发展提供了根本遵循和行动指南。本专题旨在引导学员深刻理解习近平外交思想是我们党统筹国内国际两个大局，准确把握国际纷纭变化的复杂局势，创造性地提出来的；深入理解推动构建新型国际关系、构建人类命运共同体是以习近平同志为核心的党中央对中国特色大国外交作出的顶层设计，是由“地区大国”向“世界大国”国家定位转变的重要表现；深刻领悟我军要做世界和平的建设者、全球发展的贡献者、国际秩序的维护者的目标，为构建人类命运共同体做出应有贡献。

核心问题

1. 如何理解当今世界正处于“百年未有之大变局”？
2. 构建人类命运共同体的世界意义是什么？
3. 如何理解“一带一路”倡议是构建人类命运共同体的实践平台？

案例一　“退群”，美国单边主义的新把戏

案例内容：

材料一　美国“退群”，伊核问题悬念再起①

2018 年 5 月 8 日，美国总统特朗普在白宫发表电视讲话，指责伊核协议

① 参见《美国“退群”，伊核问题悬念再起》，《人民日报》，2018－05－10。

是一项“糟糕”的协议，在核心内容上存在缺陷。他说，该协议未限制伊朗发展弹道导弹项目，也未限制伊朗在中东地区“制造不安的活动”，此外协议中有关伊方在协议失效后可恢复铀浓缩活动的“日落条款”也不可接受。特朗普随后签署一项总统备忘录，宣布美国将单方面退出伊朗核问题全面协议，重启美国对伊朗政府的制裁。

对于特朗普的这一决定，美国前总统奥巴马、前副总统拜登、前国务卿克里均在第一时间发表声明表示反对。中国、俄罗斯、英国、法国和德国等国，以及联合国、欧盟等国际组织也均对美国的这一决定表示遗憾，希望继续保留伊核协议，维护其完整性和严肃性。

材料二　美又“退群”怒弃“人权”①

2018 年 6 月 19 日，美国政府官员以联合国人权理事会“偏见”以色列和改革不力为由宣布退出这一机构。这是继退出应对气候变化的《巴黎协定》、联合国教科文组织、伊朗核问题全面协议后，特朗普政府再次“退群”。

不仅如此，在发表声明时，美国常驻联合国代表妮基·黑莉（Nikki Haley）与国务卿蓬佩奥还当众指责联合国人权理事会对美国盟友存在偏见，称其是一个“虚伪自私”的机构，“是对人权的嘲弄”，更是“政治偏见的臭水沟（cesspool of political bias）”。

对此，联合国人权事务高级专员扎伊德·侯赛因评价说，美国应在人权事务上向前迈步，实际却“向后退步”。中国、联合国、欧洲联盟和不少人权组织也对美方做法表示失望。

材料三　美国退出《中导条约》全球军备竞赛很可能烽烟再起②

2018 年 2 月 1 日，美国政府宣布暂停履行《中导条约》义务并启动退约程序。8 月 2 日，美国正式退出《中导条约》，该条约正式失效。

8 月 1 日，在《中导条约》即将失效之际，联合国秘书长古特雷斯表示，

---

① 参见《美国宣布退出联合国人权理事会》，新浪网，2018－06－20。

② 参见《美国正式退出＜中导条约＞，各国担忧全球进入军备竞赛新阶段》，新浪环球网，2019－08－02。

“世界会失去阻止冲向核战争的刹车”。他认为，《中导条约》的失效会增大而非降低弹道导弹造成的威胁。法新社也指出，本次美方退出，是为“新的军备竞赛开启大门，而本次军备竞赛的靶子瞄准俄罗斯和中国”。

案例思考：

1. 美国频频“退群”背后的逻辑是什么？
2. 美国“退群”给世界政治格局带来什么深远的影响？

案例解读：

退群——美国推卸全球责任的历史拐点

“一言不合就掀翻友谊的小船”，曾在国内网络风靡一时的这句话，或许也适用于美国现在国际舞台上的形象：2018 年，美国先后宣布退出联合国人权理事会、万国邮政联盟等国际组织，退出伊核协议、《维也纳外交关系公约关于强制解决争端之任择议定书》、《中导条约》。2017 年 1 月，就任总统三天的特朗普宣布美国退出跨太平洋伙伴关系协定，之后又退出《巴黎协定》、再度退出联合国教科文组织、退出全球移民协议。

美国“退群”成瘾，究其本质是“美国优先”思维在作祟，是特朗普政府无视多边体系、奉行“美国至上”单边主义作风的新写照。凡是美国认为规则不公平的，立马就得改；美国认为从中拿不到好处的，立即拍屁股走人；美国认为被人占了便宜的，就得要回来。说到底，就是一切都要服从于“美国优先”，只要认为对美国不利的，什么国际协议、国际组织、贸易协议，想撕毁就撕毁，想退出就退出。

美国单边主义行径对现有国际规则和国际秩序造成极大挑战。如今，“美国优先”正在成为超越一切国际规则的“美国特权”。当今美国政府看到当下国际规则与其狭隘的国家利益有冲突，从现有的国际秩序中获得利益越来越少时，便“退群走人”。事实表明，美国是国际规则和秩序最大的破坏者，在遵守现有国际规则方面开了恶例。尤其是美国作为世界最大发达国家，“不守规矩”的溢出效应甚至要超出犯规本身。

美国单边主义行径也对多边贸易体系造成严重损害。二战后全球多边贸易体系是由美国主导建立的。通过多边贸易体系的发展，美国已经赚足红利、从中受益几十年，并始终占有全球经济的控制权和话语权。而在“美国优先”驱动下，曾经的国际贸易规则发起者、设计者、倡导者，成为地地道道的破坏者、反对者、颠覆者。美国挥舞关税大棒，搞极限施压贸易讹诈；在世贸组织，美国更是宣称自己在贸易等方面受到不公平对待、吃了大亏，动辄威胁退出。凡此种种，都是美国政府将其国内标准凌驾于国际规则之上，“合则用，不合则弃”，把国际贸易规则当作自己的工具，对国际秩序和规则予取予求。

作为唯一的超级大国，美国的一举一动都会产生明显的连带效应。当美国坚持把单边主义奉为圭臬，逆全球化而行，一味地“退群”、拆台，挥舞大棒，整个国际体系都感受到了明显压力，这反映在全球治理体系、多边机构运转、世界经济复苏等方面。美国政治哲学家福山发表文章称：“……美国给世界政治注入了巨大的不稳定因素。‘美国优先’主义的政治，所走向的只能是‘美国独行’的世界。”①

尽管批评之声不绝于耳，但美国在“退群”之路上并未停歇。美国的单边主义和保护主义行径，使自由主义国际秩序中开放、全球化和自由、公平竞争的基本体制及规则受到挑战和破坏，以邻为壑现象日益增多、对立气氛越来越浓，不但让世界充满了不确定性，更带来了不稳定性，让自由主义的国际秩序变得更加脆弱和失序。

案例二　欧洲的疑惑：全球拼图，谁来拼起碎片

案例内容：

材料一　英国“脱欧”大事记②

2016 年 6 月 23 日，英国举行公投，52% 的投票者选择“脱欧”。

2016 年 7 月 13 日，特雷莎 · 梅接替卡梅伦就任英国首相。

---

① 参见《单边主义得不到“通行证”》，《人民日报》，2018－09－28。

② 参见《新闻背景：英国“脱欧”大事记》，新华网，2019－05－25。

2017 年 3 月 29 日，“脱欧”程序正式启动。根据英国与欧盟的协议，英国将在 2019 年 3 月 29 日正式“脱欧”。

2017 年 12 月 15 日，欧盟宣布，与英国在“分手费”等核心议题上取得“足够进展”。

2018 年 11 月 25 日，欧盟正式通过此前与英国达成的退出协议和“英欧未来关系宣言”两份政治文件，统称“脱欧”协议。

2019 年 1 月 15 日，英国议会下院以 432 票反对、202 票支持的投票结果否决了政府与欧盟达成的“脱欧”协议。

2019 年 3 月 12 日，英国议会下院以 391 票反对、242 票支持的投票结果再次否决“脱欧”协议。

2019 年 3 月 13 日，英国议会下院投票决定，反对英国在任何情况下“无协议脱欧”。

2019 年 3 月 21 日，欧盟同意英国提出的推迟“脱欧”申请，并为“脱欧”最终期限提供“二选一”时间表：如果英国议会下院能通过“脱欧”协议，将允许“脱欧”期限延至 5 月 22 日；如果英国议会下院未能通过协议，则英国必须在 4 月 12 日前做出新抉择。

2019 年 4 月 8 日，英国议会正式通过一项法案，要求特雷莎·梅再度向欧盟寻求推迟“脱欧”，以防止 4 月 12 日出现英国“无协议脱欧”的局面，法案经女王伊丽莎白二世签署后正式生效。

2019 年 4 月 10 日，欧盟成员国领导人举行特别峰会讨论英国“脱欧”问题，最终同意将“脱欧”期限延长至 10 月 31 日。

2019 年 5 月 24 日，由于英国“脱欧”僵局难破，特雷莎·梅宣布将于 6 月 7 日辞去英国执政党保守党领导人一职，并留任首相至保守党选出新党首。

2019 年 7 月 24 日，英国保守党新党首鲍里斯·约翰逊正式就任英国首相。他强调，英国一定会在 10 月 31 日的期限前完成“脱欧”，相信英国能与欧盟达成一份新的、更好的“脱欧”协议。

2019 年 10 月 2 日，英国政府正式向欧盟递交了新“脱欧”方案，内容包括在英国“脱欧”后一定期限内，进入北爱尔兰的商品需符合欧盟标准，但同时，北爱尔兰将与英国其他地区同步退出欧盟关税同盟。

2019 年 10 月 17 日，欧盟委员会主席容克宣布，欧盟委员会与英国政府就英国“脱欧”达成协议。

2020 年 1 月 31 号，英国正式脱离欧盟，向 47 年的盟友说再见，也为历时 3 年多的脱欧历程画上句号。

材料二　北约峰会：“貌合”难掩“神离”①

作为世界最大军事集团的北约，走过了整整 70 年。但自特朗普上任以来，美欧这对“塑料兄弟”关系越发紧张、裂痕愈发明显。

在美国对待北约和欧洲安全机制的态度上，可以看到两幅似乎矛盾的画面。一方面，“特朗普时代”的美国向北约发起一系列冲击波。从特朗普竞选时高呼的“北约过时论”，到 2017 年 5 月北约峰会上对集体防御条款的“大打太极”，再到 2017 年 7 月访问波兰时传递西方团结信息的“标准化”演讲，美国北约盟友的心情仿佛过山车般跌宕起伏。

军费分担问题是美国与北约盟友的焦点问题，核心是特朗普要求北约各成员国尽快将其 GDP 的 2% 用于国防开支。在 2018 北约峰会前，特朗普还不忘向北约盟友喊话，“你们要支付自己的账单，美国不会包办一切”。这一要求的根源在于特朗普坚持以“美国优先”原则指导其与北约盟友的关系，利益当先、责任置后，认为盟友任何“搭便车”的行为都是耍无赖。

2019 年北约峰会更是开成了一次较劲、撕裂、互相拆台的大会。“‘脑死亡’的北约峰会充斥着领导人的纷争”，这是法新社对此次峰会一篇报道的标题。

2019 年 12 月 4 日，北约峰会在与会领导人的一片争吵之中落下帷幕。对于这出“肥皂剧”，英国《卫报》的描述充满戏剧性：德国人和东欧人对法国人感到愤怒；法国人对土耳其人和美国人感到愤怒；美国总统特朗普几乎对所有人都感到愤怒；而作为东道主的英国只是希望一切尽早结束……

材料三　美国对欧洲“关上大门”②

美国总统特朗普 2020 年 3 月 11 日宣布，为防止新冠肺炎疫情在美国蔓

---

① 参见《北约还能做美欧关系“稳定器”吗》，人民网，2018－07－12；《70 岁的北约将何去何从》，《中国青年报》，2019－04－18；《北约峰会上演最戏剧性一幕》，新浪财经网，2019－12－05。

② 参见《美国对欧洲“关上大门”》，光明网，2020－03－13。

延，13 日起美国将暂停除英国外所有欧洲国家公民前往美国的旅行，这一措施为期 30 天。

美国总统特朗普当天晚上在白宫发表全国电视讲话时说，欧盟此前未能采取有效措施控制疫情，这一旅行限制措施是他与美国政府卫生领域权威人士讨论后做出的决定，该措施将视实际情况调整。

这一让欧洲措手不及的旅行限制，可以说美方置欧洲利益于不顾，再次显示出了欧美之间的“疏离感”，恐怕将为双边关系又添新伤。

案例思考：

1. 英国“脱欧”、北约闹剧背后反映的实质是什么？

2. 当前全球国际秩序正在发生什么变化？如何正确理解习主席多次强调指出的“当今世界正处于百年未有之大变局”？

案例解读：

世界进入“无锚之境”

习近平总书记深刻指出：“当前，我国处于近代以来最好的发展时期，世界处于百年未有之大变局，两者同步交织、相互激荡。”① 习近平总书记关于当今世界百年未有之大变局的论断内涵丰富，其核心是一个“变”字。其中，世界格局与国际秩序是理解“百年未有之大变局”的两个关键变量。力量对比在变、游戏规则在变，因此国际社会面临“大变局”。

就国际秩序而言，二战之后形成的国际秩序基本上是由美国为首的西方发达国家主导建立的，运行七十多年后，已经显示出诸多不公正、不合理的弊端。其弊端外显表现于当今世界面临着大大小小的危机，国际秩序出现崩塌的危险。

比如英国“脱欧”，这是自柏林墙倒塌以来欧洲大陆遭遇的最大政治地震，它不仅震撼了英国自己，其余波也将注定冲击欧洲、西方乃至整个世界。

① 中共中央党史和文献研究院编：《习近平关于中国特色大国外交论述摘编》，75 页，北京：中央文献出版社，2020。

英国"脱欧"可能是维持了几个世纪的西方秩序开始解体的一个重要"转折时刻"，意味着战后自由派精英主导的全球主义或许将要黯然落幕，预示着世界的经济政治格局不得不进行调整和重组。新加坡国立大学东亚研究所所长郑永年教授坦言，英国"脱欧"仅仅是区域和世界秩序变革的最前奏。英国"脱欧"充分说明了国际秩序正在经历"时代巨变"，正在重新洗牌。

国际秩序的"时代巨变"不仅体现在欧洲内部，更体现在如今的欧美关系处在加速疏离态势。美国总统特朗普对外政策的变化是导致欧美关系震荡的重要原因。美国置现行国际规则于不顾，强调和坚持"美国优先"作为外交决策的重要标准，在处理盟友关系时利益当先、责任置后。在安全领域，特朗普从竞选期间的北约"过时论"到执政之初在北约集体防务条款上"打太极"，加上从始至终要求北约盟友提升军费的强硬要求，让欧洲盟友深陷"安全威胁"。欧美在二战后第一次出现"三观不合"的现象，美国当局正在背弃与欧洲一起支撑的自由主义世界秩序观、一起推广的全球主义观和一起坚持的多边主义观，使欧美关系如今走到了"十字路口"，使世界已越来越面临失序的危险。

这些皆充分证明了二战后建立的国际秩序，已然无法满足全球治理需求，西方主导的国际秩序正处于瓦解中。2018 年德国慕尼黑安全会议的主题是"全球拼图：谁来拼起碎片"。这次会议提出了一个发人深省的问题，那就是全球秩序是一张拼图，而这张拼图正在重归碎片化。世界面临单边与多边、对抗与对话、封闭与开放的重大选择，处于何去何从的关键十字路口。作为多元裂变世界图景的"全球拼图"，成为全球世界需共同面临的重大课题。

案例三　携手筑梦未来："一带一路"的非洲故事

案例内容：

材料一　中国铁路"样板工程"造福非洲①

38 岁的埃塞俄比亚人特斯法伊没想到，自己的住房梦，会因为中国企业

① 参见《携手发展 筑梦未来——"一带一路"的非洲故事》，人民网，2018－07－23；《亚吉铁路将助推沿线国家经济发展》，环球网，2016－10－06。

的到来而成为现实。

多年前，特斯法伊是埃塞俄比亚首都亚的斯亚贝巴的一名出租车司机。他最大的梦想，就是能够通过自己的努力在首都拥有一套住房。然而，当时的收入令这个梦想遥不可及。

2010 年 9 月，由中国中铁和中国铁建组织施工的非洲首条电气化铁路亚吉铁路开始设计建造。“脑袋里装着整个城市活地图”的特斯法伊成为亚吉铁路的建设者之一。

在中铁埃塞项目部及众多中国同事的帮助下，再加上自己的勤奋工作，短短两年时间，特斯法伊采取分期付款的方式实现了自己的安居梦。“这是托中国企业的福！”特斯法伊笑得一脸灿烂。

特斯法伊只是亚吉铁路项目造福埃塞俄比亚民众的一个缩影。亚吉铁路是东非第一条电气化铁路，亚吉铁路通车使当地“旧貌换新颜”，被埃塞俄比亚、吉布提两国视为“运输生命线”。亚吉铁路在货物运输方面的优势凸显，大大缩短了从吉布提到亚的斯亚贝巴的货运时间，由原来的一个星期左右缩短为 13 个小时。

亚吉铁路惠及埃、吉两国，成为非洲区域基础设施互联互通的代表性项目。亚吉铁路的建成为埃塞俄比亚打通了出海铁路大通道，极大地提高了物流效率，降低了物流成本。对吉布提来说，该铁路有效扩大了吉布提港的辐射范围和吞吐效率，为其“建设非洲之角商业和物流中枢”的梦想提供了强劲的支撑。

材料二　蒙内铁路，肯尼亚的“世纪工程”①

蒙内铁路，被称为肯尼亚的“世纪工程”，是肯尼亚独立以来最大的基础设施建设项目。作为东非铁路网的开端，它的建成通车为肯尼亚乃至东非的繁荣发展铺就了一条快速路。

在不少当地人心目中，蒙内铁路就是“非洲版的高铁”——它全长约 480 千米，设计客运时速 120 千米，货运时速 80 千米，是采用中国技术、中国标准，使用中国设备和中国资金设计完成的非洲第一条标准轨铁路。原来

① 参见《“一带一路”5 年间：蒙内铁路，肯尼亚的“世纪工程”》，海外网，2018－08－13。

十几个小时的路程，现在仅需 5 个小时。

铁路的贯通，给当地百姓的出行带来了便利，也让物流更为顺畅。如今，货物上午在蒙巴萨装车，下午就能运抵内罗毕，物流成本可降低 10% 到 40%，有望助推肯尼亚成为地区物流中心和制造业中心。2017 年 5 月开通至今已发送旅客 400 万人次，平均上座率达 95%。日均开行货运列车 16 列，2019 年共运送货物近 600 万吨，较 2018 年同比增长 70%。

蒙内铁路既是“大动脉”，又是“暖心路”。蒙内铁路建设还高度重视解决当地就业，切实助力民生改善，助力当地发展。数据显示，蒙内铁路项目自开工以来，已累计为肯尼亚创造近 5 万个工作岗位，培训 5000 多名专业技术工人，拉动经济增长达 1.5%。

蒙内铁路更是奠定了肯尼亚在东非的领头羊地位。很多东非国家比如南苏丹、卢旺达、布隆迪、乌干达等都没有出海口，它们货物的出口都要通过蒙巴萨出海，所以蒙巴萨包括蒙内铁路是未来东非物流核心所在。根据远期规划，蒙内铁路将连接肯尼亚、坦桑尼亚、乌干达、卢旺达、布隆迪和南苏丹等东非 6 国，将把肯尼亚的港口和更多内陆城市、开发区连接起来，进而带给东非更多的发展机遇。

材料三　打通东非电力互联“高速路”①

铁塔巍峨耸立，导线银光闪闪。在东非高原上，由国家电网公司所属中电装备公司建设的 ±500 千伏埃塞俄比亚——肯尼亚直流输电工程完成工程建设，顺利通过项目业主验收。这是东非地区第一条跨国直流联网工程，被称为“东部电力高速公路”。建成后，乌干达、南苏丹等国家可将其电网与肯尼亚境内的新建电网联通，实现东非国家电网的互联互通。工程规模之壮观、工艺之先进，成为东部非洲地区的一张靓丽名片。

非洲是清洁能源的宝库，但目前，非洲电力基础设施建设不足、电网薄弱、电力供应难以保障，构建非洲能源互联网成为迫切需求。从亚的斯亚贝巴向东北驱车约 200 千米，阿瓦什国家公园附近的阿法尔族部落依旧生活在传统村落之中，没有电力供应，到了晚上就只有月光与星光的陪伴。在埃塞

---

① 参见《“一带一路”这五年：打通东非电力互联“高速路”》，国家电网，2018－07－31。

俄比亚南部奥莫河谷的一座农村小学里，简陋的教室里连哪怕最简单的照明设施都没有，许多时候学生们只能在院子里上课。即便是亚的斯亚贝巴这样的大城市，在几年前停电依旧是家常便饭。数据显示，非洲人均能源消费量仅为世界平均水平的1/3。非洲发电装机容量约1.9亿千瓦，仅占全球总量的3%。非洲仍有6亿多无电人口，超过非洲总人口的一半。

在"一带一路"倡议下，中国企业在东非实施了一系列清洁能源项目，有效开发清洁能源，提高了当地电力发展水平，实现能源互联互通正在东非高原成为现实。据估计，到2050年，非洲每年可提供清洁能源电力3.3万亿千瓦时，减排二氧化碳28亿吨。未来，非洲清洁能源电力送电欧洲，经济效益显著，可以将资源优势转化为经济优势，为非洲经济社会发展注入强大动能。

案例思考：

1. 中国"一带一路"倡议的核心理念是什么？

2. 对于西方国家对"一带一路"建设提出的质疑和指责，如"债务陷阱论""地缘政治工具论"等，我们应该如何正确辨析？

案例解读：

共商共建共享是"一带一路"的黄金法则

自2013年习近平总书记提出"一带一路"倡议以来，"一带一路"已成为国际社会最受欢迎的公共产品，也是当今世界规模最大的合作平台。至2020年4月，已经有138个国家和30多个国际组织同中国签署了共建"一带一路"合作文件，明确投出了支持票和信任票。

需明确的是，中国推进"一带一路"建设，不是要扩大势力范围，不是要改变现有国际秩序，不是为了维护某个或某一小部分国家的利益，而是为了推动沿线国家乃至世界各国互利共赢、共同发展而提出的重大倡议。共商共建共享是倡议的核心要义。

共商强调彼此尊重各国的利益，求同存异、相互信任，使"一带一路"建设兼顾双方或各方利益和关切点。结合这一点，我们应深刻认识中国推动的“一带一路”国际合作无意制造什么“债务陷阱”，这是部分西方人士正在渲染的新“中国威胁”。一方面，“债务陷阱”与“一带一路”并没有必然联系，相关国家的债务问题更多是“历史包袱”，一些国家长期对外举债尤其是向西方国家借债，造成其债务水平较高。中国是国际投融资市场的“后来者”，中国在相关国家外债总额中的占比并不高，如整个非洲的债务约有6万亿美元，中国贷款只占2%。另一方面，中国投资项目主要是基础设施项目，一般需要巨额投资，绝大部分项目都是“一带一路”沿线国家主动提出的，达成相关融资协议也是它们自主做出的选择。就中国改革开放四十多年的发展经验来看，获取外国投资是完善本国基础设施、促进经济发展的必由之路。“一带一路”建设给参与国家带来的是发展与希望，比如，蒙内铁路累计为肯尼亚创造约五万个就业岗位，而且还将帮助其他非洲“内陆国”获得梦寐以求的出海口。正如王毅外长所说，“一带一路”绝不是什么债务的陷阱，而是惠民的“馅饼”；绝不是地缘政治的工具，而是共同发展的机遇。

共建强调各施所长，各尽所能，在“一带一路”广阔的范围内优化资源配置，把优势和潜能充分发挥出来。“一带一路”沿线各国家在地理位置、自然资源、资金、技术、人才等方面各有优势。比如非洲是全球的清洁能源宝库，拥有丰富的资源和巨大的潜力。非洲水能、风能、太阳能分别占全球的10%、32%、40%，开发潜力巨大。位于非洲东北部的埃塞俄比亚，有着丰富的水利资源，被誉为“东非水塔”，但其电力基础设施建设严重不足，仅能满足不到30%基本人口的用电，严重制约了国家经济的发展和国民生活水平的提高。中国在“一带一路”建设中，根据各国不同国情，以共建为途径，优势互补，适应各国的发展需要。如埃塞俄比亚——肯尼亚直流输电项目将“东非水塔”变成了“东非电塔”，成为埃塞电力能源输出的重要通道，有利于加快整个东非地区电网互联进程，促进北非和南非电力互联、实现东非地区电力基础设施与电网互联协调发展，打通了东非经济发展的“光明通道”。

共享强调互利共赢，让“一带一路”建设惠及各国人民、给各国人民带来更多更公平的福祉。“一带一路”沿线大多是发展中国家，面临着许多经济发展等问题，“一带一路”建设坚持互利共赢，为解决这些问题提供新的框架，从发展理念、发展模式、经贸合作、互联互通、文化交流等多方面、全方位实现成果共享。设施联通是“一带一路”倡议的优先领域，中国凭借自身优势，为非洲基础设施建设发挥了实实在在的促进作用。2016 年 10 月开通的非洲第一条电气化铁路——亚吉铁路和 2017 年 5 月开通的蒙内铁路，成为中国在非洲大陆承建的两大极具影响力的世纪工程，受到许多非洲国家好评，被誉为“友谊合作之路”和“繁荣发展之路”。正如习近平总书记所强调的那样，中非合作是言必行、行必果的务实合作之路。中非合作找准基础设施不足等制约非洲发展的要害，把资金用在刀刃上，不搞花架子。事实证明，“一带一路”建设不是空洞的口号，而是看得见、摸得着的实际举措，将给地区国家带来实实在在的利益。以共享为目的，才能真正获得各国人民的广泛支持，才能真正地造福各国人民。

在“一带一路”建设中，以共商为基础才能真正实现共建，共商共建才能真正达到共享，三者是有机统一的关系。共商、共建、共享的原则的核心在于“共”，只有共商共建共享，才能形成一个命运共同体。

习近平总书记指出：“我们推进‘一带一路’建设不会重复地缘博弈的老套路，而将开创合作共赢的新模式；不会形成破坏稳定的小集团，而将建设和谐共存的大家庭。”① “一带一路”是一条和平发展、合作共赢之路。“一带一路”建设不是追求中国单一经济利益，而是旨在促进沿线国家和地区之间政策沟通、设施联通、贸易畅通、资金融通、民心相通，秉持共商共建共享的原则，打造利益共同体、命运共同体和责任共同体。

案例四　听，人类命运共同体的大合唱

案例内容：

材料一　战“疫”时刻，他专程来华②

2020 年 2 月 5 日的北京，迎来一场大雪，也迎来一位老朋友。

在结束访问韩国的行程后，柬埔寨首相洪森临时决定到访中国。洪森说，

① 习近平：《携手推进“一带一路”建设》，《人民日报》，2017－05－15。

② 参见《战“疫”时刻，他专程来华对习主席说“同中国人民坚定地站在一起”》，新华网，2020－02－06。

在此特殊时候来华，就是为了“展示柬埔寨政府和人民对中国政府和人民抗击疫情的大力支持，同中国人民坚定地站在一起”。

自新冠肺炎疫情发生以来，洪森首相多次“力挺”中国，高度评价中方为抗击疫情采取的各项措施。疫情发生后，柬方明确表示，不会撤离在华侨民和留学员，不会限制中国人入境，不会暂停两国航班。这无疑是对中国的重大支持，也符合世界卫生组织一再强调的“无需过度反应”原则。

在人民大会堂会见洪森首相时，习近平主席说，患难见真情。在这个特殊时刻，柬埔寨人民同我们站在一起，生动诠释了“患难与共”这一中柬命运共同体的核心要义。

材料二　山川异域，风月同天：守望相助 携手战“疫”①

2020 年 2 月初，在日本汉语水平考试事务所捐赠给湖北 20000 只口罩和一批红外体温计，物资外包装的标签上写着八个字：“山川异域，风月同天”。

在中国辛苦抗“疫”的日子里，世界很多国家和人民纷纷伸出援助之手，坚定地和中国站在一起，令人动容。

当地时间 1 月 23 日，伊朗外长在社交媒体上鼓励中国抗击疫情，成为全球第一个公开声援中国的外长，向中国提供数百万只医用口罩。

巴基斯坦倾囊相助，2 月 1 日从全国公立医院库存紧急调集的 30 万只医用口罩、800 套医用防护服和 6800 副手套运抵中国。“能征集多少，就支援多少”，巴基斯坦用最质朴的方式，全力帮助中国，“坚定地与兄弟的中国人民站在一起”。

俄罗斯表示“愿向友好的中国人民提供一切帮助，共同抗击疫情”。2 月 5 日，由 7 名俄罗斯防疫专家组成的代表团抵达北京，与中方一同研制相关疫苗；9 日，俄罗斯政府派军用运输机将超过 23 吨的医疗援助物资运抵武汉市。

2020 年 2 月 5 日，韩国政府捐赠的紧急援助物品运抵重庆，包括口罩、

① 参见《山川异域，风月同天：守望相助 携手战“疫”》，《人民日报》，2020 - 03 - 07；《疫情下的人类温情：“山川异域，风月同天”》，中央纪委国家监委网，2020 - 02 - 05。

医用手套、防护镜、防护服、洗手液等。

此外，还有世界最不发达国家之一的科摩罗向中国捐款 100 欧元，长期接受援助的欠发达国家赤道几内亚向中国捐赠 200 万美元……在疫情面前，来自这些非洲国家的慷慨解囊尤为难能可贵。

截至 2020 年 3 月 2 日，共有韩国、日本、泰国、马来西亚、印尼、哈萨克斯坦、巴基斯坦、德国、英国、法国、意大利、匈牙利、白俄罗斯、土耳其、伊朗、阿联酋、阿尔及利亚、埃及、澳大利亚、新西兰、缅甸、斯里兰卡、蒙古等 62 个国家和 7 个国际组织向中国捐赠了口罩、防护服等中国急需的疫情防控物资。

材料三　投我以木桃　报之以琼瑶①

2020 年 2 月 8 日，日本东京。

寒风中，一位身着红色旗袍的日本少女，手捧写着“中国武汉加油”的募捐箱，一次次向路人深深鞠躬，感谢他们的慷慨解囊。

“我很喜欢中国，只是做了自己应该做的事情。”她说。

10 多天后，同样是东京街头，一个戴着小鹿玩偶头套的中国女孩，手捧写着“来自武汉的报恩”日语字样的纸箱，掏出口罩分发给路人……

“心怀善良，你就拥有最帅的盔甲。”她说。

滴水之恩，当涌泉相报，这是中华民族几千年来深入骨髓的文化基因。面对新冠肺炎疫情在全球肆虐，在全球抗疫的关键时刻，尽管中国疫情尚未完全缓解，仍向日本、伊朗、韩国、意大利等疫情严重国家投桃报李，积极提供多种支持。

2020 年 2 月 20 日，中国向日本捐赠 1.25 万只核酸检测试剂盒；2 月 29 日，中国继续向日本捐赠 5000 套防护服、10 万只口罩。

2020 年 2 月 28 日，中国红十字会 5 名专家抵达伊朗，同机抵达的还有 900 千克医疗物资。

2020 年 3 月 6 日，中国政府向韩国捐赠 10 万只 N95 口罩、100 万只医用外科口罩、1 万套医用防护服、5 万人份检测试剂。

---

① 参见《听，人类命运共同体的大合唱》，新华网，2020－03－03。

2020年3月7日，中国政府决定向世界卫生组织捐款2000万美元，用于支持世卫组织开展抗击新冠肺炎疫情的国际合作。

2020年3月13日，中国援助意大利专家组和随机携带31吨医疗物资抵达罗马……

中国人民选择同世界人民站在一起，共担风雨，合力战“疫”。

案例思考：

如何从全球抗疫合作的角度来理解人类命运共同体理念的重大意义？

案例解读：

命运与共　大道不孤

从“非典”到中东呼吸综合征，从埃博拉到新冠肺炎，历史一再证明，重大传染病是人类面临的共同威胁。这次新冠肺炎疫情传播速度之快、感染范围之广、防控难度之大，不仅是对中国人民的生命安全和身体健康的重大威胁，也是对世界卫生事业的严重挑战。

疫情没有国界，是人类面临的共同挑战。这次新冠肺炎疫情再次给国际社会带来深刻启示：在全球化时代，世界各国命运相联、休戚与共，人类社会是一个“你中有我、我中有你”的命运共同体，构建人类命运共同体是人类社会发展进步的唯一正确方向。面对全球性问题，维护人类健康福祉，需要秉持人类命运共同体理念，同舟共济、共同战“疫”，共铸捍卫生命的力量。

国际社会的守望相助是秉持人类命运共同体理念的生动诠释。中国疫情爆发以来，全球170多个国家的领导人、40多个国际和地区组织的负责人向中国表示慰问和支持。在我国抗击疫情的紧要关头，国际社会以各种方式向我们提供了宝贵的支持。危难时刻，有许多像柬埔寨一样的朋友，坚定地同中国站在一起；许多国家、国际组织、民间团体也伸出援手，向中国捐赠医疗物资：巴基斯坦紧急调集全国医疗储备驰援中国；伊朗向中国提供数百万只医用口罩；俄罗斯、白俄罗斯出动军机向中国护送防疫专家和援助物资……这样的温暖，不仅体现在几十个国家和国际组织为中国捐款和提供大量医疗防疫物资，体现在“中国加油”“武汉加油”的呼声在全球共鸣，还体现在当出现歧视和污名化现象时及时发出正义之声、当出现不实信息时及时澄清事实。国际社会的暖心行动，无论大小，展现的都是人类命运共同体理念的真实写照。

中国的投桃报李是践行人类命运共同体理念的具体行动。随着疫情在世界各地的扩散，一些国家正面临着新冠病毒肆虐的局面。中方对遭受疫情的国家感同身受，中国将提供力所能及的帮助，这是全球疫情扩散蔓延之际，习近平总书记反复提及的，更是中国真诚、主动、无私向各方提供支持和帮助的真实写照。中国在巩固防疫战果之余，并没有“袖手旁观”。我们向日本、韩国、巴基斯坦等国提供紧急医疗物资援助，派出专业人员赴意大利、伊朗、伊拉克等国参与当地防控疫情工作。不仅如此，中国政府还向世卫组织捐款共5000万美元，帮助发展中国家提升应对疫情的能力。中国的民间组织和个人也都积极捐赠物资，回馈他国帮助。中国尽己所能、量力而行的对外抗疫援助，是中华人民共和国成立以来援助时间最集中、涉及范围最广的一次紧急人道主义行动，是出于投桃报李的情谊，更是为了践行人类命运共同体理念的具体行动。

全球合作抗疫是推动构建人类命运共同体的重要体现。打好疫情防控全球阻击战，坚决遏制疫情蔓延势头，是全球合作抗疫的当务之急。疫情发生以来，中国始终重视并积极开展国际合作，本着公开、透明、负责任的态度，第一时间通报疫情信息，分享病毒基因序列，与他国共同合作研发疫苗。面对新冠肺炎疫情这场大考，东西方交出了迥然不同的答卷。美国疫情肆虐，确诊人数超过千万；反观东亚各国，在中方号召下以团结作答，靠合作取胜，成为抗疫国际合作的“优秀标兵”。取得这样的成果，关键在于东亚各国的携手抗疫。

病毒无国界，生命共休戚。习近平总书记在全国抗击新冠肺炎疫情表彰大会上明确指出，抗疫斗争的伟大实践再次证明，构建人类命运共同体所具有的广泛感召力，是应对人类共同挑战、建设更加繁荣美好世界的人间正道。

作为中国军队的一员，我们必须清晰认识到，服务构建人类命运共同体是我军建设世界一流军队的必由之路，忠实践行人类命运共同体理念是大国军队的国际责任，我们必须以团结如一人的勇气和力量，让人类命运共同体建设的阳光普照世界！

难点解惑

1. 中国特色大国外交“特”在哪里？

答：在“大国外交”之前冠以“中国特色”的定语，是因为它反映出，中国的大国外交超越了传统的大国外交，特别是以强权政治为主要特征的西方式大国外交，成为当今世界解决国际交往难题的中国智慧、中国方案。

中国特色大国外交之所以不同于传统的大国外交，一方面是由我国社会主义的本质属性决定的，中国绝不会走传统大国外交的老路。将本国人民的根本利益与世界人民的根本利益紧密结合起来，关怀全人类的利益和命运，是马克思主义政党先进性的体现。从提出并践行和平共处五项原则，到弘扬和平与发展时代主题，再到推动建设和谐世界，都展现了中国共产党人的世界情怀。党的十八大后，习近平总书记提出构建人类命运共同体和新型国际关系，更是将这种世界情怀提升到一个新境界。

另一方面是由我国“和合文化”的历史底蕴决定的，中国绝不会成为一个新霸权。中国特色离不开中国这个载体，离不开中华文明深厚的文化底蕴。作为一个东方文明古国，中国深受“和合文化”的浸润。“己所不欲，勿施于人。”中国特色大国外交就是要同世界所有国家和平共处、合作共赢，共同构建人类命运共同体。党的十八大以来，中国领导人提出了许多外交新理念与合作模式，里面都折射着中国智慧。比如，“亲、诚、惠、容”的周边外交理念，在同其他国家交往时要秉持真实亲诚理念和正确义利观。特别是“一带一路”倡议，以合作共赢为核心理念，主张共商、共建、共享，完全是在平等协商的基础上，不是一方对另一方的强加或施舍。

2. 新型国际关系“新”在何处？

答：“新型”一词说明它是动态的，是对西方主导的传统国际关系模式的超越。西方传统的大国关系理论强调大国间为了争夺世界霸权而进行斗争，这种大国必然冲突的理论指导着西方国家的政治实践。因此，传统国际关系模式是以“丛林法则”“弱肉强食”为核心理念，伴随而生的是侵略扩张、殖民掠夺等各种不公平不公正的现象，导致不断升级的国际矛盾和冲突甚至大规模的国际战争等严重后果。

新型国际关系摒弃了西方传统国际关系理论中弱肉强食的丛林法则，要求尊重世界上各个国家和地区所选择的发展方式和道路，以相互尊重为基础开展交流合作，反对以强凌弱、以大欺小，主张维护世界各个国家的合法权益；摒弃了零和博弈理论及你输我赢的冷战思维，把合作取向作为国际交往的规则，秉持合作共赢的核心理念特别是大国间的合作共赢，通过各国合作共赢共同应对各种全球性问题，目标模式是构建人类命运共同体。

学习金句

一、坚持以维护党中央权威为统领　加强党对对外工作的集中统一领导

全面推进新形势下的对外工作，必须加强党的集中统一领导，改革完善对外工作体制机制，强化对各领域各部门各地方对外工作的统筹协调，加大战略投入，规范外事管理，加强外事干部队伍建设，为开创对外工作新局面提供坚强保障。

——《中国必须有自己特色的大国外交》（2014 年 11 月 28 日），习近平《论坚持推动构建人类命运共同体》，中央文献出版社 2018 年版，第 202 页

外交大权在党中央，党中央对外交工作实行集中统一领导。要落实好管党治党主体责任，坚持全面从严治党，抓好党的领导和党的建设，抓好思想政治工作。要严格遵守党的政治纪律和政治规矩，严格落实中央八项规定精神。要努力打造一支政治强、业务精、作风好、纪律严的外交队伍。

——《习近平在接见二〇一七年度驻外使节工作会议与会使节时的讲话》（2017 年 12 月 28 日），《人民日报》2017 年 12 月 29 日

二、坚持以实现中华民族伟大复兴为使命　推进中国特色大国外交

做好外交工作，胸中要装着国内国际两个大局，国内大局就是“两个一百年”奋斗目标，实现中华民族伟大复兴的中国梦；国际大局就是为我国改革发展稳定争取良好外部条件，维护国家主权、安全、发展利益，维护世界和平稳定、促进共同发展。

——《坚持亲、诚、惠、容的周边外交理念》（2013 年 10 月 24 日），习近平《论坚持推动构建人类命运共同体》，中央文献出版社 2018 年版，第 67 页

我国面临的机遇和挑战都前所未有，机遇大于挑战，对外工作要以运筹大国关系和经略塑造周边为重点，展现新气象，实现新作为，奋力开创新时代中国特色大国外交新局面。

——《习近平在党的十九届三中全会第一次全体会议上关于中央政治局工作的报告》（2018 年 2 月 26 日）

三、坚持以维护世界和平、促进共同发展为宗旨　推动构建人类命运共同体

这个世界，各国相互联系、相互依存的程度空前加深，人类生活在同一个地球村里，生活在历史和现实交汇的同一个时空里，越来越成为你中有我、我中有你的命运共同体。

——《顺应时代前进潮流，促使世界和平发展》（2013 年 3 月 23 日），习近平《论坚持推动构建人类命运共同体》，中央文献出版社 2018 年版，第 5 页

“大道之行，天下为公。”和平、发展、公平、正义、民主、自由，是全人类的共同价值，也是联合国的崇高目标。目标远未完成，我们仍须努力。当今世界，各国相互依存、休戚与共。我们要继承和弘扬《联合国宪章》的宗旨和原则，构建以合作共赢为核心的新型国际关系，打造人类命运共同体。

——《携手构建合作共赢新伙伴，同心打造人类命运共同体》（2015 年 9 月 28 日），习近平《论坚持推动构建人类命运共同体》，中央文献出版社 2018 年版，第 253－254 页

人类命运共同体，顾名思义，就是每个民族、每个国家的前途命运都紧紧联系在一起，应该风雨同舟，荣辱与共，努力把我们生于斯、长于斯的这

个星球建成一个和睦的大家庭，把世界各国人民对美好生活的向往变成现实。

——《携手建设更加美好的世界》（2017年12月1日），《十九大以来重要文献选编》（上），中央文献出版社2019年版，第110页

我提倡共建“一带一路”和构建人类命运共同体，就是要促进不同文明的交流互鉴和各国之间的互利合作，建设一个持久和平、普遍安全、共同繁荣、开放包容、清洁美丽的世界。

——《习近平在同希腊总统帕夫洛普洛斯会谈时的谈话》（2019年5月14日），《人民日报》2019年5月15日

四、坚持以共商共建共享为原则 推动“一带一路”建设

“一带一路”建设秉持的是共商、共建、共享原则，不是封闭的，而是开放包容的；不是中国一家的独奏，而是沿线国家的合唱。“一带一路”建设不是要替代现有地区合作机制和倡议，而是要在已有基础上，推动沿线国家实现发展战略相互对接、优势互补。

——《欢迎沿线国家和亚洲国家积极参与“一带一路”建设》（2015年3月28日），《习近平谈“一带一路”》，中央文献出版社2018年版，第68页

我们要将“一带一路”建成文明之路。“一带一路”建设要以文明交流超越文明隔阂、文明互鉴超越文明冲突、文明共存超越文明优越，推动各国相互理解、相互尊重、相互信任。

——《携手推进“一带一路”建设》（2017年5月14日），《习近平谈“一带一路”》，中央文献出版社2018年版，第184－185页

共建“一带一路”之所以得到广泛支持，反映了各国特别是广大发展中国家对促和平、谋发展的愿望。共建“一带一路”是经济合作倡议，不是搞地缘政治联盟或军事同盟；是开放包容进程，不是要关起门来搞小圈子或者“中国俱乐部”；是不以意识形态划界，不搞零和游戏，只要各国有意愿，我们都欢迎。

——《习近平在推进“一带一路”建设工作五周年座谈会上的讲话》（2018 年 8 月 27 日），《人民日报》2018 年 8 月 28 日

中国人民不仅要自己过上好日子，还追求天下大同。我提出共建“一带一路”倡议，体现的就是“和合共生”、互利共赢的思想，也和联合国可持续发展理念相契合。青山遮不住，毕竟东流去。中国的发展是历史必然，合作共赢是各国人心所向。

——《习近平在会见联合国秘书长古特雷斯时的谈话》（2019 年 4 月 26 日），《人民日报》2019 年 4 月 27 日

五、坚持以相互尊重、合作共赢为基础　走和平发展道路

世界潮流，浩浩荡荡，顺之则昌，逆之则亡。纵观世界历史，依靠武力对外侵略扩张最终都是要失败的。这就是历史规律。世界繁荣稳定是中国的机遇，中国发展也是世界的机遇。和平发展道路能不能走得通，很大程度上要看我们能不能把世界的机遇转变为中国的机遇，把中国的机遇转变为世界的机遇，在中国与世界各国良性互动、互利共赢中开拓前进。

——《更好统筹国内国际两个大局，夯实走和平发展道路的基础》（2013 年 1 月 28 日），习近平《论坚持推动构建人类命运共同体》，中央文献出版社 2018 年版，第 2－3 页

历史告诉我们，一个国家要发展繁荣，必须把握和顺应世界发展大势，反之必然会被历史抛弃。什么是当今世界的潮流？答案只有一个，那就是和平、发展、合作、共赢。中国不认同“国强必霸”的陈旧逻辑。当今世界，殖民主义、霸权主义的老路还能走得通吗？答案是否定的。不仅走不通，而且一定会碰得头破血流。只有和平发展道路可以走得通。所以，中国将坚定不移走和平发展道路。

——《习近平在德国科尔伯基金会的演讲》（2014 年 3 月 28 日），习近平《论坚持推动构建人类命运共同体》，中央文献出版社 2018 年版，第 91 页

中国将始终做世界和平的建设者、全球发展的贡献者、国家秩序的维护者，坚定走和平发展道路，无论国际形势如何变化，无论自身如何发展，中国永不称霸、永不扩张、永不谋求势力范围。

——《同舟共济、扬帆远航，共创中拉关系美好未来》（2016 年 11 月 21 日），《人民日报》2016 年 11 月 23 日

中国人民热爱和平、渴望和平，坚定不移走和平发展道路。中国坚定奉行防御性国防政策，倡导树立共同、综合、合作、可持续的新安全观。中国军队始终高举合作共赢旗帜，致力于营造平等互信、公平正义、共建共享的安全格局。

——《习近平在集体会见出席海军成立七十周年多国海军活动外方代表团团长时的谈话》（2019 年 4 月 23 日），《人民日报》2019 年 4 月 24 日

第六专题　毫不动摇坚持和加强党的领导

学习目的

勇于自我革命、从严管党治党是我们党最鲜明的政治品格，党的十九大报告在总结历史和现实经验基础上旗帜鲜明地提出了新时代党的建设总要求，标志着我们党对新时代执政党建设规律的认识达到了一个新高度，为实现“两个一百年”奋斗目标和中华民族伟大复兴的中国梦提供了根本保证。本专题旨在引导学员牢牢把握党的全面领导的核心和灵魂，深刻理解党的领导必须是整体的、全面的，全党必须坚持用习近平新时代中国特色社会主义思想武装全党、指导实践、推动工作；深刻理解党的建设总要求，坚持和加强党的全面领导，坚持党要管党、全面从严治党，以加强党的长期执政能力建设、先进性和纯洁性建设为主线，以党的政治建设为统领，以坚定理想信念宗旨为根基，以调动全党积极性、主动性、创造性为着力点全面推进党的政治建设、思想建设、组织建设、作风建设、纪律建设等；充分认清作风建设永远在路上，中国特色社会主义进入新时代，我们党一定要有新气象新作为。

核心问题

1. 怎样正确理解“坚持党对一切工作的领导”这一基本方略？

2. 如何正确理解党的领导是中国特色社会主义制度的最大优势？

3. 如何正确理解坚定理想信念是党的思想建设的首要任务？

4. 如何正确理解党的十九大把加强党的基层组织建设作为提高党的政治领导力、思想引领力、群众组织力、社会号召力，永葆党的旺盛生命力和强大战斗力的重要内容？

案例一　创造新时代中国特色社会主义的更大奇迹[①]

案例内容：

书写新时代的传奇

1979 年，广东省宝安县蛇口公社开始炸山填海，打响了中国改革开放第一炮。为加快蛇口建设，时任建设指挥部总指挥袁庚顶着被扣帽子的风险实行定额超产奖励制度，超额运泥每车奖 4 分，打破大锅饭。

1987 年，中国土地拍卖“第一槌”在深圳敲响。为了这一刻，时任市委书记李灏冒着“天下之大不韪”已奔走多时。派人考察香港土地制度，邀请专家研讨，赴京直陈原有土地制度弊端。深圳的改革实践，引发中国土地使用制度革命。

华为总裁任正非说：“我们是靠一份红头文件起家的。”正是市委市政府 1987 年力排众议出台《鼓励科技人员兴办民间科技企业的规定》，点燃了无数怀揣梦想的科技人员的创业激情。

取消荔枝节，改办高交会。1999 年，市委市政府启动经济转型的一个举动，为马化腾解决了第一笔 220 万美元的投资。如今的腾讯，市值已逾 5000 亿美元。创新成为深圳新的经济动力。

一系列“敢为天下先”的经济探索与制度革新层层铺开，思想的解放振奋全国。“时间就是金钱，效率就是生命”“空谈误国，实干兴邦”的口号，从深圳叫响大江南北。

坐落于南山区的招商局历史博物馆门前立着一尊雕塑，女神挣脱束缚，身体奋力欲飞，目光坚定，长发飞舞。“闯与创”，是雕塑的名称，也是对特区精神的诠释。

沿深南大道从东至西，几乎就是深圳发展路径的一次沙盘推演——罗湖区的国贸大厦创造了改革开放初期三天一层楼的深圳速度，福田区的华强北电子一条街推动了内外商贸的拓展，南山区的粤海街道容纳了华为、腾讯、

---

① 参见《创造新时代中国特色社会主义的更大奇迹——以习近平同志为核心的党中央关心经济特区发展纪实》，《人民日报》，2020－10－14；《深圳，创造新的更大奇迹》，《光明日报》，2019－12－26。

大疆等科技巨头，诠释了何为深圳质量。

从1979年的不足2亿元到2017年的2.24万亿元，改革开放以来，深圳GDP以年均23%的增速，跃居全国大中城市第3位，跻身全球城市30强，万元GDP能耗、水耗仅为全国平均水平的1/3和1/8，不仅创造了世界工业化、现代化和城市化发展史上的奇迹，更实现了速度与质量、发展与美丽的共赢。

“全世界超过4000个经济特区，头号成功典范莫过于‘深圳奇迹’。”英国《经济学人》曾如此评价。

“40年来，深圳、珠海、汕头、厦门、海南5个经济特区不辱使命”，“为全国改革开放和社会主义现代化建设作出了重大贡献”……习近平总书记就经济特区的讲话，如春风化雨，让经济特区再出发的脚步更加坚定有力。

持续引领风气之先

在以习近平同志为核心的党中央谋划、部署和推动下，不断开拓创新的经济特区成为坚持和发展中国特色社会主义实践的生动写照。

深圳始终坚持党的领导，坚持以人民为中心，坚决把改革进行到底，全面对标全球最高标准，聚焦要事难事攻坚突破，全力开拓特区发展新局面。

进入新时代，深圳积极承接中央和省改革试点任务，商事制度改革、医药卫生体制改革等工作成为全国样板。同时，大力推进供给侧结构性改革，强区放权、投融资体制、土地管理制度、国资国企、住房保障、教育医疗、社会组织等领域改革也走在了前列。

——便捷高效的政务服务。190余项“秒批”、460多项“不见面审批”、400多项“全城通办”政务服务事项，让每一个在深圳创业、办事的企业和个人，时刻感受着这座城市的便利与高效。青岛市委书记率团考察深圳后总结：以青岛六分之一的面积产出整整两倍于青岛的效益，深圳的法宝就是营商环境。

——充沛丰盈的文化浸润。除享誉全国的“深圳读书月”外，前往深圳中轴线上的中心书城，也随时能感受到这座城市对于阅读的偏爱。中心书城的外围，则是围成一圈又一圈的户外街头表演。这座城市，拥有饱满的精神生活。

——蓝天碧水的靓丽容颜。位于深圳湾滨海休闲带的后海河，清澈水系缓缓流入大海，红树林里，白鹭在和煦的阳光下栖息。从 2005 年“生态立市”纳入城市规划发展战略起，在全国率先实现全市域消除黑臭水体，天蓝和水绿，成为深圳的底色。

——有品质的生活保障。教育资源持续扩容，医疗卫生“三名工程”引进国内外优质医疗团队，“二次房改”深入推进，各类保障性住房加大供应……一系列措施，直指人人最关心、最直接、最现实的问题。

山河远阔，人间烟火。让人放心、优雅、体面地居住和生活，对人给予全方位的关怀和照顾，让“人人来闯”，也让“人人栖居”，温柔而有力地体现在深圳的方方面面。

从当年“杀出一条血路”到“走出一条新路”，肩负中国特色社会主义先行示范区新使命的深圳探索实践，成为推动今天经济特区步入新发展阶段的生动演绎。

一部深圳史，一部特区史，就是中国共产党团结带领亿万人民不断开辟中国特色社会主义道路新境界的实践明证。

党的十八大以来，在以习近平同志为核心的党中央坚强领导下，经济特区始终站在改革开放最前沿，不断开拓发展新境界，成为坚持和发展中国特色社会主义实践的生动写照。

经济特区改革发展事业取得的成就，是党中央坚强领导、悉心指导的结果，充分证明了无论改什么、改到哪一步，都要坚持党的领导，确保党把方向、谋大局、定政策，确保党始终总揽全局、协调各方。

案例思考：

1. 结合案例，谈谈对“经济特区取得的巨大成就，得出一条重要启示——无论改什么、改到哪一步，都要坚持党的领导，确保党把方向、谋大局、定政策，确保党始终总揽全局、协调各方”这句话的理解。

2. 如何在新时代全面深化改革开放中毫不动摇坚持和加强党的领导？

案例解读：

高擎鲜红党旗 铸造特区辉煌

《在深圳经济特区建立40周年庆祝大会上的重要讲话》中，习近平总书记强调："经济特区处于改革开放前沿，对全面加强党的领导和党的建设有着更高要求。"① 他指出："坚持党的领导，全面从严治党，是改革开放取得成功的关键和根本。"②

40多年来，深圳经济特区为国担责、为党分忧，创造了改革开放的辉煌成就，为国家改革开放和社会主义现代化建设提供了许许多多的新鲜经验。可以说，由中国共产党一手缔造的深圳经济特区，40多年的探索是成功的，成绩也是有目共睹的，极为有力地证明了中国特色社会主义道路不仅"走得通"，而且"走得快""走得好"。

深圳经济特区改革发展之所以能取得如此辉煌成就，根本就在于党始终在深圳各项事业中发挥领导核心作用。作为改革开放前沿，深圳始终牢记使命，坚持和加强党的全面领导，坚持把抓好党建作为最大政绩，确保党始终成为特区事业的坚强领导核心，始终坚持走改革开放的强国之路、富民之路，深圳经济社会才得以持续、快速、健康、稳定地发展。在中国特色社会主义先行示范区的建设过程中，深圳更须坚持这一法宝、用好这一法宝。

坚持正确政治方向是经济特区加强党的领导和党的建设的根本任务。政治方向是党生存发展第一位的问题。习近平总书记深刻指出："我们所要坚守的政治方向，就是共产主义远大理想和中国特色社会主义共同理想。"经济特区作为改革开放先行地，肩负通过先行先试为中国特色社会主义探索开路的经济使命。但经济特区政治使命又决定了经济特区改革开放是有方向、有立场的，最根本的就是要正确处理经济政策的"特"与政治原则不能"特"的关系，确保经济特区改革开放的社会主义方向。

回顾深圳经济特区改革开放历程，尽管经济发展成就巨大，但也长期伴

---

① 习近平：《在深圳经济特区建立40周年庆祝大会上的讲话》，《人民日报》，2020－10－15。
② 习近平：《在深圳经济特区建立40周年庆祝大会上的讲话》，《人民日报》，2020－10－15。

随姓“资”姓“社”、姓“公”姓“私”的争论，长期面临“经济特区是不是搞了资本主义?”的疑惑。这些争论和疑惑归结起来就是：经济特区到底是不是社会主义？经济特区是否还要坚持走中国特色社会主义道路？这些争论和疑惑的要害就是：要不要把坚持四项基本原则和坚持改革开放相统一？坚持四项基本原则和坚持改革开放能不能相统一？能否排除各种干扰，全面贯彻党的基本路线，把以经济建设为中心同坚持四项基本原则、坚持改革开放统一于经济特区实践，确保经济特区沿着中国特色社会主义的正确方向前进，直接关系经济特区改革开放成败，是经济特区加强党的领导和党的建设的根本任务。

坚持不懈用党的创新理论武装经济特区党员干部头脑。政治坚定源于思想自觉。经济特区是改革开放先行地，也是各种社会思潮和意识形态交锋的前沿地，特殊环境决定了经济特区加强党的领导和党的建设，必须把加强理论武装作为基础环节，坚持不懈用党的创新理论武装党员干部头脑，廓清思想迷雾，坚定不移走中国特色社会主义道路。

在深圳经济特区初创和发展阶段，针对封闭僵化的极“左”思潮，经济特区各级党组织坚持理论联系实际，组织党员干部深入学习领会党的十一届三中全会以来党的路线方针政策尤其是邓小平南方谈话精神，深刻认识改革开放是改变中国命运的关键抉择，正确理解创办经济特区的目的意义和使命担当，坚决抵制极“左”思潮。同时，针对西方资产阶级自由化思潮的危害性，坚持政治上从严，反复教育引导党员干部群众，讲明办经济特区不是搞资本主义，强调经济特区虽在经济上执行特殊政策，但在政治上一定要坚持四项基本原则，坚决抵制资产阶级自由化思潮。改革开放以来，深圳历次党代会都强调，要切实抓好经济特区党的自身建设，增强拒腐防变能力，保证党员干部经受住对外开放和市场化改革的考验，保持经济特区的社会主义性质，为经济特区改革开放提供了思想政治保证。

毫不动摇坚持和加强党对经济特区改革开放事业的领导。党的领导是中国特色社会主义制度的最大优势。40 多年来，经济特区能够克服各种困难挑战，取得令世人瞩目的成就，根本在于毫不动摇坚持和加强党对经济特区改革开放事业的领导，推动经济特区改革开放始终沿着中国特色社会主义的正确方向前进。

坚决维护党中央权威和集中统一领导，是党和国家的根本利益所在。深圳经济特区是党中央决策建立的，也是在党中央领导下向前发展的。在经济特区改革开放的每一个关键时刻，都有党中央把关定向、坚强领导，推动经济特区改革开放不断深入。纵观改革开放历程，经济特区各级党组织在维护党中央权威和集中统一领导上始终毫不动摇。

经济特区实践表明：越是改革开放，越要加强党的领导和党的建设，确保各级党组织坚强有力。只有这样，才能坚持改革的社会主义方向，确保改革开放向纵深发展。

案例二　疫情防控的“中国速度”

案例内容：

材料一　壮士断腕　武汉封城①

新冠肺炎，来势汹汹。从官方通报首个病例，到武汉正式封城，不过 20 余天。

疫情形势升级，社会广泛动员的转折点发生在 2020 年 1 月 20 日。这一天，境内累计报告病例已经达到 217 例。这一天，武汉市新型冠状病毒感染的肺炎疫情防控指挥部成立，统一领导、指挥全市疫情防控工作。

21 日，民航局、铁路部门发布武汉免费退票政策；22 日，武汉要求公共场所必须佩戴口罩；22 日，湖北启动突发公共卫生事件二级响应。

武汉防控力度升级，其他省市病毒传播也十分迅速。20 日，北京、广东确诊新冠肺炎病例。到 22 日，海南、贵州、安徽、宁夏、山西、广西、河北、辽宁、江苏、福建、吉林都确诊了首例。新春临近，“内防扩散、外防输出”，成为疫情防控最紧要的任务。

1 月 23 日凌晨两点，武汉市新型冠状病毒感染的肺炎疫情防控指挥部发出第 1 号通告：“自当日 10 时起，武汉市城市公交、地铁、轮渡、长途客运

① 参见《战疫纪实丨武汉封城！为全国乃至世界争取到宝贵的防疫窗口期》，新浪网，2020－03－07。

暂停运营；无特殊原因，市民不要离开武汉，机场、火车站离汉通道暂时关闭。”

人潮散去，喧哗止息，关口静谧。这是人类公共健康历史上的一次前所未有的举措。常住人口上千万的城市就此人为切断了向外的通道。除了救援人员和必要的生活物资，这座城市与外界在物理上断联了。

这是中华人民共和国历史上头一遭，也是人类历史上第一次，对一个千万级别大城市采取最严厉的防疫措施：封城！

这是一个非常艰难的抉择，也是一个充满勇气与担当的决定。在对病毒认识十分有限的时候，武汉试图通过这种方式将病毒幽灵彻底隔绝歼灭。对此，世卫组织总干事谭德塞说：“武汉封城有利于阻止疫情向中国其他省甚至全世界传播。”这为全国其他地区乃至全世界的防疫工作，争取了宝贵的窗口期。

非常之时，行非常之事，武汉终于使出了霹雳手段！

这一封城决定，必将载入历史！

材料二　春雷一声平地起①

1 月 24 日，一个特殊的除夕，天上飘着小雨，体感温度只有几摄氏度，在武汉市蔡甸区的武汉市职工疗养院所在地，武汉火神山医院的建设现场，千余名建筑工人鏖战正酣，上百台挖掘机、推土机、压路机运作有序。最高峰时，工地上有 7000 多名工人，800 多台挖掘机、推土机等设备同时作业。上一个单位刚完成场地铺沙，下一个单位马上进场铺防渗膜，而后面铺设活动板房基脚的单位还在催促。高密度的人群、机械，让现场施工空间极为有限。“火神山项目是在极度压缩的时间、空间内，展开的一场战役。”火神山建设指挥部一位负责人说，“没别的，就是豁出去，干！”

1 月 24 日，除夕，上百台挖掘机抵达现场，开始土地平整。

1 月 25 日，大年初一，项目主体施工。

1 月 28 日，大年初四，1 栋双层病房区钢结构初具规模。

1 月 31 日，大年初七，九成集装箱的拼装均已完成，活动板房骨架安装

① 参见《火神山、雷神山医院建设的“中国速度”!》，搜狐网，2020－02－06。

3000 平方米。

2 月 1 日，大年初八，全面展开医疗配套设备安装。

2 日 2 日，大年初九，武汉火神山医院正式交付。

在数以千万“云监工”的在线督战下，仅用 10 天时间，总建筑面积 3.39 万平方米、可容纳 1000 张床位的火神山医院从一片荒地上拔地而起。惊人的速度再次让世界见证了什么是“中国速度”！这个速度放眼全球，都是无法想象的快。

中国速度之快令世界惊叹！世界卫生组织总干事谭德塞 1 月 31 日在日内瓦举行的发布会上感叹说：“我一生中从未见过这种动员。”有国外网友评价，昼夜不停的挖掘机大军及建筑工人、源源不断输送至武汉的物资，“整个国家都为这场战斗做准备，速度不可思议”。

材料三　火线上的中流砥柱①

这是一组令人动容的数据：

截至 2 月 11 日 24 时，全国医务人员确诊新冠肺炎 1716 例，其中 6 人以身殉职。湖北医务人员确诊 1502 例，其中武汉 1102 例。

这是一种前所未有的出征：

截至 3 月 9 日 24 时，各地向湖北已派出 346 支医疗队 4.26 万名医疗队员，军队共派出 3 批次 4000 余名医务人员。

解放军医疗队多箭齐发，来自浙江、上海、江苏、广东、陕西等地的 346 支医疗队紧急驰援，19 个省份对口支援湖北省……此次医疗救援的调动规模和速度，超出以往。

悬壶入荆楚，白衣做战袍。“理个光头，削发出征！”“我是汶川的，这次必须要去”“我是参加过抗击非典的，这次必须要去”“孩子，妈妈去打怪兽了”……从“60 后”到“90 后”，四代医学工作者无畏付出，迎着疫情坚定前行。

钟南山院士临危受命，84 岁高龄挂帅出征，奔赴武汉抗疫第一线；武汉金银潭医院院长张定宇身患渐冻症，双腿已经开始萎缩，但他拖着病体坚守

① 参见《火线上的中流砥柱——献给奋战在抗疫一线的医务工作者》，新华网，2020-02-16。

在抗疫一线30多天；武汉大学中南医院急救中心护士郭琴，刚刚度过了治愈的隔离期，就重回工作岗位，“我是党员，要冲在前面”；武汉“90后”女护士单霞为了方便工作，毅然剃去了满头长发……

有网友这么评价：“这些坚守武汉，奔向武汉的人，也不过是谁家女儿，谁家丈夫，谁家妻子，谁家爸爸。从容奔赴，是因为脚下这片土地值得每一个人深爱……”

案例思考：

1. 新冠肺炎疫情大考告诉了我们什么？
2. 怎么理解中国抗疫行动中体现出的中国共产党领导的强大优势？

案例解读：

抗疫规模和速度彰显中国共产党的领导优势

习近平总书记指出：“防控工作取得的成效，再次彰显了中国共产党的领导和中国特色社会主义制度的显著优势。”在突发的疫情面前，中国展现出强大高效的国家组织和社会动员能力，在党中央的统一领导下，全国各地以最全面、最严格、最彻底的措施应对疫情。各级党委和政府按照党中央决策部署，全面动员、全面部署、全面加强工作，把疫情防控工作作为当前最重要的工作来抓。中国共产党领导的强大优势在这场艰苦卓绝的抗疫斗争中得到了深刻检验和集中体现。

第一，更加彰显了坚持党的集中统一领导这一制度优势。党的十九大明确指出，“中国特色社会主义最本质的特征是中国共产党领导，中国特色社会主义制度的最大优势是中国共产党领导”。坚持党的领导，是中国特色社会主义制度的最大优势。面对这次突发疫情，习近平总书记亲自部署、亲自指挥，强调疫情防控要坚持全国一盘棋，并要求“各级党委和政府必须坚决服从党中央统一指挥、统一协调、统一调度”。在抗疫斗争中，党中央发挥了定海神针的作用，确保疫情防控做到坚持全国一盘棋、集中力量办大事，使中国在抗疫斗争中赢得了时间、赢得了速度，有力扭转了疫情局势。

坚持党的集中统一领导保证了国家组织体系高效运转合力抗疫。31个省、市、自治区先后启动重大突发公共卫生一级响应，普遍建立由党委政府主要负责同志挂帅的领导体制和多部门参与的联防联控机制，形成了从上到下、从中央到地方的网络化联动管理体系。

坚持党的集中统一领导实现了国家全面统筹规划进行重点阻击。党中央将湖北和武汉作为打赢疫情防控阻击战的决胜之地，建立对口支援机制，统筹安排19个省份对口支援湖北省除武汉市以外的16个市州及县级市，全国4.26万医务工作者驰援武汉，火神山、雷神山医院以“惊天神速”拔地而起……在中央统一指挥、统一协调、统一调度下，集中优势“兵力”支援抗疫主战场。

坚持党的集中统一领导确保了各级党组织执行党中央决策部署坚决有力。在党中央统一部署下，各级党政领导干部特别是主要领导干部坚守岗位、靠前指挥，各地区严格落实属地管理责任，各级党组织和广大党员干部冲锋在前、忘我拼搏，让党旗在防控疫情斗争第一线高高飘扬，把党的组织优势转化为抗击疫情的制胜优势。

第二，更加彰显了“以人民为中心”这一价值优势。习近平总书记指出，中国共产党人的初心和使命，就是为全国人民谋幸福，为中华民族谋复兴。坚持以人民为中心始终是我党的根本政治立场，是党制定路线方针政策的价值准则，也是夺取抗疫斗争伟大胜利的价值引领。在疫情“大考”中，我党始终把以人民为中心贯穿于抗疫斗争全过程和各方面，下指示、提要求、定计策，解民忧、纾民困、暖民心，迅速控制住了疫情。以习近平同志为核心的党中央用实际行动展现了“以人民为中心”的政治本色，交出了一份经得起历史和人民检验的合格答卷。

党和政府的郑重昭示充分体现了我党始终坚持“人民至上”的执政理念。疫情发生后，习近平总书记亲自指挥、亲自部署疫情防控工作，突出强调要“把人民群众生命安全和身体健康放在第一位”。在疫情防控工作到了最吃劲的关键阶段，习近平总书记强调要全面增强收治能力，坚决做到“应收尽收、应治尽治”，提高收治率。在抗击疫情斗争中，以习近平同志为核心的党中央一再要求各级党委、政府要“永远把人民放在心中最高位置”。

疫情防控的现实举措充分体现了我们党始终践行为人民服务的根本宗旨。以习近平同志为核心的党中央坚持以人民为中心，不惜一切代价抢救生命，慎终如始、全力以赴救治每一位患者，明确宣布医疗机构先救治、后收费，确保任何一个患者不因费用问题影响检查和治疗；对确诊患者个人负担费用实行财政兜底，中央财政补助60%；对疑似患者，由就医地制定财政补助政策，中央财政视情给予适当补助。同时，为切断疫情传播渠道、最大限度地保障人民的生命权和健康权，党中央果断采取“封城”这一历史壮举，不惜为中国经济按下“暂停键”，以巨大的经济发展代价换取亿万人民群众的生命安全和身体健康。

中西方疫情防控的鲜明对比充分体现了我党始终秉持人民利益至上的价值追求。以习近平同志为核心的党中央在疫情防控中始终将人民群众生命安全和身体健康摆在首位，保障人民群众最重要最紧迫的生命权、健康权。反观在全球疫情肆虐的状况下，奉“人权至上”为圭臬的西方国家的种种做法，有些国家民众如果不幸感染，需要个人承担检测和治疗费用，而社保体系覆盖面又极为有限；有些国家甚至宣布放弃治疗，任由病毒传播，以期达到“群体免疫”的目的。中西方对疫情截然不同的处理方式，归根结底在于各自的政治立场不同。

第三，更加彰显了紧紧依靠和发动人民群众这一力量优势。人民群众是历史的创造者，这是马克思主义历史唯物主义的基本观点，也是马克思主义区别于一切旧唯物主义和唯心主义的一个根本观点。相信群众、依靠群众是马克思主义的群众观，也是我党最大的政治优势。我党作为马克思主义执政党，根基在人民，血脉在人民，力量在人民。无论过去、现在、将来，紧紧依靠和发动人民群众都是我党战胜一切困难的“胜利之源”。

坚持人民主体地位是书写疫情防控人民战争奇迹的根本保证。“紧紧依靠人民群众”是打赢这场特殊战争的关键所在。习近平总书记发出“坚决打赢疫情防控的人民战争”号召，使战“疫”成为所有人的自觉行动。城市为战、社区为战、农村为战、人人为战，打了一场现代条件下抗击疫情的人民战争。

发挥人民主体力量是推动疫情防控的人民战争胜利的制胜法宝。在这场疫情防控的人民战争中，人民群众既是党和政府的保护对象，同时也是党和政府领导下抗击疫情的主体力量。广泛动员群众、组织群众、凝聚群众是打赢这场特殊战争的制胜法宝。中国人民自觉听从疫情防控安排，行动起来、组织起来、凝聚起来，共同构筑起防控疫情的严密防线，让“人民是历史的创造者”这一真理得到明证。

弘扬家国同构的家国情怀是汇聚疫情防控人民战争力量的精神动力。家是最小国，国是千万家。在中国人的精神谱系里，“国”与“家”是密不可分的整体。家国同构的家国情怀是厚植在中华文明基因里的精神密码，也是最能打动人心、最能引发共鸣的精神涌流。面对疫情的严峻考验，出于个体对家庭和国家共同体的认同、维护、热爱、担当，亿万国人爱国爱家、万众一心、共克时艰。中国人民向世界展现出不畏牺牲、甘于奉献、勇于担当、顾全大局的家国情怀，“舍小家为大家”“先国家后个人”，将个人命运同国家和民族的前途命运紧密相连，淬炼成抗疫斗争中最厚重、最亮丽的精神底色。

案例三　疾行中的生命风景——“新时期党员、干部的楷模”廖俊波①

案例内容：

乡村教师

1968 年 7 月，廖俊波出生于福建省南平市浦城县一个偏僻的农村，父亲是公社办事员，母亲是一位民办教师。家境不算太好，仅可温饱。

他的天资，似乎并不突出。中学期间留过一级，首次高考又名落孙山。复读一年，最后考入南平师专物理系。

师专期间的廖俊波表现良好，被推选为系学生会主席。正当校方看好，准备培养他担任校学员会负责人时，他却有了新目标，那就是一名女同学。他热烈追求，颇有爱美人不爱江山的决心。学校不提倡学生恋爱，尤其是他这么一位引人注目的人物。奉劝再三，情志依然。没办法，校方只好放弃了对他的进一步培养。

师专毕业，他毅然背井离乡，投奔女友家乡——邵武市。

---

① 参见李春雷：《初心——“新时期党员、干部的楷模”廖俊波纪事》，《人民日报》，2017-09-27；《用生命诠释为民情怀——追记全国优秀县委书记廖俊波》，共产党员网，2017-06-16。

没有任何背景，不懂社会，更不会走关系。当年，这对情侣没有分配在一起：女方到城外60千米的一所最偏僻中学，而他落脚的地方，距离邵武也有30千米。

对于热恋中的他们，这是最糟糕的分配结果。但他十分知足。

执教之初，他便担任初二年级班主任。

他备课有一个习惯，喜用红笔和黑笔。黑笔是正稿和主体，是关键点和知识链；红笔是修改和补充，是延展和花絮。黑红相间，工工整整，既有枝有干，又有叶有蔓。上课时，多采用激励教学法。整个课堂，时而蓝天丽日，时而鱼翔浅底，时而鹰击长空；春园芳草，日日见长；秋蚕食桑，夜夜育肥。

校长姓刘，特别喜欢这个勤奋又阳光的年轻人，却又发现他生活的困局：每个周末，骑自行车探望女友，太远了，太累了。于是，刘校长悄悄地、主动地向教育局申请调入。

很快，一对情侣终于团聚。

内心的挚爱，组织的关怀，他的热情之火愈加白亮。

学校有500多名寄宿生，生活管理极其繁琐。廖俊波却主动要求担任宿管老师。每天早晨5点开始，组织跑操、晨读和早餐；中午监督午餐和午睡；晚上最需操心：夜自习严禁外出，闭灯睡觉更要准时和安静。琐碎，凌乱，他却乐此不疲，津津有味。

两年后，毕业考试。他的班，名列片区第一！刘校长看着这个外地小伙子，煞是惊奇。他身上，确乎有着一种特殊魅力。

恰在这时，乡政府请刘校长推荐一名文笔好、品行优的年轻语文老师调去工作，培养担任办公室主任。

刘校长陷入苦恼，选谁去呢？

有几位年轻语文老师，虽然文笔不错，但颇有惰性：有的早晨赖床，常常耽误早操和晨读，甚至上午第一节课，也需要自己拍门催促。

综合考虑，还是力推廖俊波。虽然他是物理老师，但综合素养高，可塑性强。

这天夜里，刘校长严肃地找他谈话，并以长辈的口吻真诚相告：以他的潜质，应该选择一个更宽大的舞台。

青涩的廖俊波，热恋中的廖俊波，若有所悟。他感激地看着校长，感恩组织……

一镇之长

福建省南平市邵武市拿口镇，是廖俊波主政的第一块试验田。1998 年 9 月，他被任命为党委副书记、镇长。

拿口镇，当时刚刚遭受一场百年不遇的水灾，房屋倒塌严重，3800 余人无家可归。

大灾过后，当务之急是建房。红砖紧俏，当地个体户借机抬价，砖价比过去高出两倍。面对汹汹歪风，他通过组织，马上联系，用火车从外地调运红砖数十车皮。

外地红砖“入赘”，骤然稳定市场。短短时间，建造楼房 102 座。春节之前，全部灾民迁入新居。

农民收入偏低。他深层调整农产结构，推广种植烟叶，倡导多养鳗鱼。两年之内，烟叶种植面积由 1000 亩扩大到 6000 亩，鳗鱼养殖水面达到 1000 亩，使全镇农民收入平均提升近千元。

小镇财政寡淡。他充分调研后，果断改革财税体制，对镇属电站和集体竹山进行重新竞争承包，使镇财政每年增收 70 余万元。

在此期间，廖俊波最大的贡献，是创建工业园。乡镇建造工业园，整个南平市前所未有。但他经过反复考察，决定打破这个先例！

首先规划 600 亩的园区平台，总体设计，分批开发。针对具有当地资源优势的竹木加工、工艺品、竹炭、矿产加工等行业，进行重点招商。

经过几年深情呵护，热情服务，这个工业园竟然迅速发展起来。他离任之时，已经落户企业 27 家，工业税收达到 260 万元。正是这个工业园，使拿口镇一跃成为邵武市名列前茅的经济强镇！

共享荣华

独骑勇闯荣华山，是廖俊波生命中的又一段传奇！

2004 年 2 月，他被选举为邵武市副市长。在这个岗位上，他主持创建占地 26 平方千米的省级循环经济园区和南平市最大的化工基地——金塘工业园，使全市规模工业产值三年几乎翻番。2006 年 5 月，他调任南平市政府副秘书长，协调工业和城建系统。2007 年 10 月，廖俊波被任命为荣华山产业组团管委会主任。

当时的荣华山是一片荒山，没有土地，没有规划，没有人员。更重要的是，市委、市政府授权他的启动条件，只有一个人、一部车和2000万元包干经费。所需人员，只能从当地政府机关借用。办公场所，只能租用附近农村的5间小房。

实在难以想象，四年时间，廖俊波投注了多少智慧和心血。

一组数字为证：

铲平山头13个，新造平地3732亩，完成征地7000余亩。

签约项目51个，开工项目23个，前期投资28.03亿元。

……

最苦最累的，是他的汽车。四年时间，行程36万公里。平均每天250公里！

一部崭新的汽车，跑成了老旧，而一个年产值近百亿的产业组团，已经无中生有，蔚为大观，成为南平市实体经济的重要支撑！

“省尾书记”

2011年6月，廖俊波就任政和县委书记。当时政和县只有两条省道过境，没有国道，更没有高速公路。整个县城，没有一个红绿灯，没有一条斑马线，没有一根独杆路灯，没有一家规模超市。全县财政收入只有1.6亿元，全省倒数第一。

一个长期处于“省尾”的经济薄弱县，如何探索出一条后发赶超的路子？廖俊波陷入了沉思。甫一上任，他就下乡村、进厂矿、访社区，沉到基层调研两个多月，然后开会决定，在做好传统农业工作的同时，致力突破工业、城市、旅游、回归等“四大经济”。

在当时的环境，想在政和县发展工业，这在很多人看来简直是天方夜谭。但廖俊波偏要迎难而上，将他的“俊波速度”在这里体现得淋漓尽致。他全力推动的政和同心工业园区，3个月，征收土地3000亩；10个月，平整土地3600亩；1年，16个项目落地，7个开工建设；3年，开发区首期3600亩供用地全面完成，入驻企业86家、开工40家、投产20家，总投资78亿元，达产后预计年产值190亿元……

短短四年，天翻地覆！

2012年，县域经济发展指数提升35位，上升幅度全省第一；2013—

2014 年，蝉联全省“县域经济发展十佳县”；2016 年，财政收入由 2011 年的 1. 6 亿元猛增到 4. 9 亿元。

廖俊波离任之时，一座现代化的县城已经脱胎换骨：改造 5 条大道；打通 9 条断头路；新增 3 家大型超市；设置 4 个红绿灯和 1500 盏路灯；建造高标准的市民广场和文化中心；电缆和弱电线路全部地埋；供水管网统统改造。特别是县城周围，高速公路通车，两条国道过境，八座大桥竣工……

政和政和，政通人和！

一个千年梦想，终于实现！

案例思考：

1. 如何理解坚定理想信念是我们党的一大政治优势？
2. 新时代青年官兵如何铸就对党忠诚、信念坚定的政治品格？

案例解读：

心中有信仰　脚下有力量

中国共产党是一个有理想信念的党。我们党之所以能够从小到大、由弱到强，一路走到今天，其中理想信念坚定是一个最主要的原因。习主席多次强调：“崇高信仰始终是我们党的强大精神支柱。”

从历史上看，理想信念是共产党人的精神支柱，也是共产党人安身立命的根本。没有坚定的理想信念，就不可能有一代又一代共产党人前赴后继，为了革命而抛头颅洒热血，以血肉之躯捍卫民族之魂。理想信念是共产党人的初心所在，切不可丢失和变异，否则党的初心无从谈起、党的性质无从定义、党的未来无从判断。无论是革命战争年代还是社会主义建设、改革时期，我们都需要清醒认识到理想信念对中国共产党事业发展的重要性，对中国共产党人自身发展的重要性。

从现实来看，中国特色社会主义进入了新时代，全面从严治党成效卓著。但是我们仍要看到，党内存在的思想不纯、组织不纯、作风不纯等突出问题尚未得到根本解决。中国有九千多万共产党员，可以说，几乎每 10 个成年人中就有一个党员。如何保证这庞大的党员集体在面对诱惑之时都能坚守底线？

除了体制机制的约束之外，更深层次来说，还是要靠对理想信念的坚守。

“不能胜寸心，安能胜苍穹”，唯有在内心把握好世界观、人生观、价值观的“总开关”，形成不想腐的自觉，才能从根本上真正杜绝腐败，练就“金刚不坏之身”。这就是为什么在新时代党的建设总要求中，要以坚定理想信念宗旨为根基。

坚定理想信念既是原则，也很具体。从具体内容上讲，按照党章对党员所尽义务的要求做到了、做好了，就是理想信念坚定的表现。习近平同志指出：“今天，衡量一名共产党员、一名领导干部是否具有共产主义远大理想，是有客观标准的，那就要看他能否坚持全心全意为人民服务的根本宗旨，能否吃苦在前、享受在后，能否勤奋工作、廉洁奉公，能否为理想而奋不顾身去拼搏、去奋斗、去献出自己的全部精力乃至生命。”①

信仰的力量是无穷的，忠诚的价值是无限的。微信号为“樵夫”的廖俊波同志是靠什么支撑在工作岗位上夙兴夜寐、廉政为公几十载，甘愿为了党、国家和人民的事业奋斗呢？那正是源于他心中有党、对党忠诚，源于他心存信仰、对民忠诚。新时代青年官兵要从廖俊波身上感悟信仰力量，踏着榜样和模范的脚步，不忘初心，继续前进。

心中有信仰，脚下有力量。坚定的理想信念，支撑了一代代中国共产党人为人民、为国家、为民族前赴后继地奋斗，成为中国人民从站起来到富起来再到强起来的巨大动力，也由此成为我们党百年历程中最宝贵的红色基因。作为新时代青年官兵，要强化政治意识、大局意识、核心意识、看齐意识，学习党的领袖、老一辈革命家、先进典型、模范人物和革命英雄的崇高精神和道德风范，真比、实看、细照、笃行。同时，要对照反面典型提供的反面教材，不断自我警觉、警醒、警示、警策。加强道德修养，培养健康的生活情趣，不断提升思想境界，努力做一个有理想信念的人。

① 习近平：《关于坚持和发展中国特色社会主义的几个问题》，《求是》，2019（04）。

案例四　切实执行组织纪律　维护党的集中统一

案例内容：①

坚持党要管党、从严治党，是实现“两个一百年”奋斗目标和中华民族伟大复兴中国梦的根本保证。在党长期执政和全面依法治国进程中，必须围绕坚持党的领导这个根本，注重依规依纪治党，切实加强党内监督。党的领导，很重要一方面就是体现在党的严密组织体系和强大组织能力上，党的力量来自组织，党的领导要靠组织。组织纪律是规范和处理党的各级组织之间、党组织与党员之间，以及党员与党员之间关系的行为规则，是维护党的集中统一、保持党的战斗力的重要保证。

《中国共产党纪律处分条例》（2018 修订）中分则组织纪律部分共 15 条，修改 5 条。其中，在第七十条违反民主集中制原则相关处分规定中增加了两项，分别对故意规避集体决策、借集体决策名义集体违规等行为作出明确规定。从党的十八大以来巡视发现的问题看，民主集中制原则落实不到位在被巡视党组织中并不鲜见，特别是一些国有企业存在“三重一大”决策制度流于形式、执行不严格或违规决策等现象。《条例》相关规定具有鲜明的问题导向，体现了全面从严的要求，对于进一步规范党组织尤其是主要负责人决策行为、避免权力滥用、防控廉洁风险将起到重要作用。

《条例》第七十条 违反民主集中制原则，有下列行为之一的，给予警告或者严重警告处分；情节严重的，给予撤销党内职务或者留党察看处分：

（一）拒不执行或者擅自改变党组织作出的重大决定的；

（二）违反议事规则，个人或者少数人决定重大问题的；

（三）故意规避集体决策，决定重大事项、重要干部任免、重要项目安排和大额资金使用的；

（四）借集体决策名义集体违规的。

【《条例》背后的案例故事】

1. 贵州省黔东南州原副州长、凯里市原市长洪金洲：每次开会先定调

---

① 参见《【以案说纪】把民主集中制原则落到实处》，中央纪委监察部网站，2018－09－15。

干部选任个人说了算

贵州省黔东南州原副州长、凯里市原市长洪金洲，“搞家长制、一言堂”在单位是有名的。与其共事的党员干部印象最深刻的是每次开会，他都首先定调，对其他同志说：“我先说我的意见。”一开始也有人“不识相”，等他说完后提出不同看法，结果被他“教育”一番，久而久之，再没有人敢提不同意见。

市委作出的决定，执行还是不执行？洪金洲有自己的选择，但凡与自己想法一致的，执行；但凡不一致的，那就是一个字——拖。有一次，凯里市委制定了一项决议，然而洪金洲对此却有另外的想法，他对手下人说，对于市委的决策，不想执行的时候怎么办？最好的办法就是拖。于是，每次市长办公会，洪金洲就把这个议题放到最后，一旦快要到这个议题的时候，他就会去上厕所，回来就对参会的人说：“哎呀，时间太晚了，这个议题下次再议。”这次推下次，下次再推下次，最终这件事情不了了之。

特别是在干部选拔任用上，洪金洲更喜欢搞个人说了算，凡是得不到他认可的人，休想到市政府重要部门工作。为了干部人事问题，洪金洲和其他常委常闹矛盾。凡是洪金洲“认可”的人，他都极为“照顾”，如凯里市政府办公室原主任陈鹏，在洪金洲推荐下被提拔为凯里市副市长，一上任就大搞权钱交易，随之落马。

2. 安徽省天长市张铺镇兴隆村 7 名村干部借集体决策名义集体违规

安徽省天长市张铺镇兴隆村党支部原书记吴金山、村委会原主任王振忠等 7 名村干部，在申报低保和危房改造名单时心照不宣地“互相帮助”，将自己的亲友混入总名单中。村两委讨论研究申报人员名单成了走过场，明知有人不符合条件，却无一人提反对意见，将低保、危房改造政策变成了村干部个人的特权、福利。2018 年 3 月，张铺镇纪委对 7 名村干部作出处理，吴金山、王振忠和文书后玉桃被给予党内警告处分，其他 4 人受到诫勉谈话处理，涉及资金 31704 元责令全部退还财政专户。

案例思考：

1. 如何正确理解民主集中制在坚持党总揽全局、协调各方领导核心作用的重要作用？

2. 怎样理解党的十九大把纪律建设纳入党的建设总体布局中？

案例解读：

重视发挥好组织纪律的优势

民主集中制是党的根本组织原则和领导制度，是党最重要的政治纪律和组织纪律。党章明确规定，必须充分发扬党内民主，尊重党员主体地位，保障党员民主权利，发挥各级党组织和广大党员的积极性和创造性。发挥好民主集中制的制度优势，才能充分调动各级党组织和广大党员的积极性，集中全党智慧，保证党的决策正确和有效实施。

邓小平同志早在1962年就深刻指出："民主集中制是党和国家的最根本的制度，也是我们传统的制度。坚持这个传统的制度，并且使它更加完善起来，是十分重要的事情，是关系我们党和国家命运的事情。"① 习近平总书记谆谆告诫全党："严肃党内生活，最根本的是认真执行党的民主集中制，着力解决发扬民主不够、正确集中不够、开展批评不够、严肃纪律不够等问题。要健全和认真落实民主集中制的各项具体制度，促使全党同志按照民主集中制办事，促使各级领导干部特别是主要领导干部带头执行民主集中制。"②

我们党所实行的民主集中制，是民主基础上的集中和集中指导下的民主相结合的制度。民主集中制的民主，就是党员和党组织的意愿、主张的充分表达和积极性、创造性的充分发挥；民主集中制的集中，就是全党意志、智慧的凝聚和行动的一致。民主是集中的前提和基础，集中是民主发展的必然要求和结果，二者是相辅相成、内在统一的。没有民主，就不可能有正确的集中；没有集中，就不能形成正确的路线方针政策，不能形成全党的统一意志，就会违背民主原则，导致极端民主化和无政府状态。所以，我们必须强调民主基础上的集中和集中指导下的民主相结合，防止和反对独断专行及软弱涣散两种错误倾向。

---

① 《邓小平文选》第1卷，第312页，北京：人民出版社，1994。

② 中共中央文献研究室编：《十八大以来重要文献选编》（上），第352页，北京：中央文献出版社，2014。

值得注意的是，在一些地方和部门，存在着独断专行和软弱涣散两种错误倾向。有的领导班子重大决策的出台，重要干部的任免，搞个人或少数人说了算，有的甚至践踏党内民主，将个人凌驾于组织之上。比如案例中的贵州省黔东南州原副州长、凯里市原市长洪金洲开会先定调，违反议事规则、变集体领导为个人专断的行为，使党的领导和组织原则变成了“多数服从少数”“集体服从个人”，破坏了民主集中制原则，影响了党内民主的健康发展。

在实践中，还存在少数党员干部把集体决策当作违纪违法的“遮羞布”“挡箭牌”，有的看似以整个班子名义议事，实为披着民主外衣的“一言堂”甚至家长制；有的不愿担当、不想作为，以集体研究敲定结果，看似集体负责，实为无人负责；还有的心存侥幸，如案例中的7名村干部，认为只要是集体商定就会法不责众，借集体决策名义集体违规、谋取私利。

集体研究不代表可以超越党纪的底线，更不能成为丧失原则、违法乱纪的“免罪符”。《关于新形势下党内政治生活的若干准则》强调：“坚决反对和防止以党委集体决策名义集体违规。”《中国共产党纪律处分条例》（2018年修订）对“借集体决策名义集体违规”的行为作出明确的处分规定，就意味着有了纪律惩戒的刚性约束，无疑将为那些企图以集体研究为掩护谋一己之私的人敲响警钟，督促他们及时打消邪念，远离纪律红线。

习近平总书记深刻指出：“党的力量来自组织，组织能使力量倍增。我们党是按照马克思主义建党原则建立起来的政党，我们党以民主集中制为根本组织制度和领导制度，组织严密是党的光荣传统和独特优势。”① 作为一个拥有9000多万党员的执政党，面临日益严峻的“四大考验”“四大危险”，中国共产党必须加强自身的组织建设，严格落实民主集中制，用严密的组织体系和严格的纪律把全党建设成为一支坚强团结、意志统一、行动一致的战斗组织和先锋队。

① 中共中央文献研究室编：《十八大以来重要文献选编》（上），765页，北京：中央文献出版社，2014。

难点解惑

1. 如何深入理解“党是领导一切的”①？

答：党的十九大报告强调：“党政军民学，东西南北中，党是领导一切的。”这个重要论述是总结历史与现实经验而作出的重大论断，是中国特色社会主义新时代党和国家最高、最重要的政治原则，我们必须深刻理解并自觉坚持。

首先，坚持“党是领导一切的”是历史经验的深刻总结。

一是党的领导，是历史的选择、人民的选择。中国自古就是一个地域广阔、人口众多的多民族国家，各民族、各地区差异极大，要实现“六合同风，九州共贯”，没有一个高度集中统一的力量引领是办不到的。残酷的抗日战争，如果没有“党是领导一切其他组织，如军队、政府与民众团体。根据地领导的统一与一元化，应当表现在每个根据地有一个统一的领导一切的党的委员会”②，我们就很难打败穷凶极恶的日本侵略者。社会主义建设时期，正是坚持“工、农、商、学、兵、政、党这七个方面，党是领导一切的”③，我们才实现了中国历史上最深刻、最伟大的社会变革，确立了社会主义基本制度，为当代中国一切发展进步奠定了根本政治前提和制度基础；在不长的时间里建立起独立的比较完整的工业体系和国民经济体系，为当代中国发展富强、中国人民生活富裕奠定了坚实基础。改革开放40多年，也正是一以贯之地坚持党的统一领导，我们才成功开辟了中国特色社会主义，实现了中华民族从站起来、富起来到强起来的伟大飞跃。

二是从国际共运史来看，“前事不忘、后事之师”。20世纪中后期，世界社会主义之所以遭遇东欧剧变和苏联解体的重大挫折，一个最重要的教训就是这些国家的共产党放弃马克思主义的指导地位，放松共产党对国家各领域的领导权。党的民主集中制被抛弃了，政治纪律被动摇了，党中央权威没有

---

① 参见黄峰：《为什么要坚持“党是领导一切的”》，宣讲家网，2017－12－03；张永伟：《深刻理解“党是领导一切的”》，求是网，2018－03－29。

② 参见中共中央政治局《关于统一抗日根据地党的领导及调整组织间关系的决定》（1942年9月1日）。

③ 《毛泽东文集》第8卷，305页，北京：人民出版社，1996。

了，“谁都可以言所欲言、为所欲为”，党内思想混乱、纪律松弛。在这种一盘散沙的情况下，遇到政治上的“大风大浪”，“哗啦啦轰然倒塌”也就成为难以逃脱的命运了。对此，邓小平语重心长地告诫全党：中国要出问题，还是出在共产党内部。所以加强党的自身建设、坚持党的领导就成为我们的党实现长治久安的必然选择。

其次，坚持“党是领导一切的”是中国政治实践发展的必然选择。

有一段时期，一些地方和部门不敢、不愿、不能旗帜鲜明地坚持党的领导，结果政治生态受到严重破坏，政治问题和经济问题相互交织产生的腐败日益猖獗。出现了阳奉阴违、拉帮结派、权欲熏心、结党营私、团团伙伙、谋取权位等政治阴谋活动；出现震惊全国的衡阳贿选案、南充贿选案、辽宁贿选案等，这些问题严重影响了党的威信，严重损害了党、国家和人民的利益。

十八大以来，针对党的领导弱化问题，以习近平同志为核心的党中央，充满自信、理直气壮地坚持和加强党的全面领导，坚定不移全面从严治党，坚决改变管党治党宽松软状况；自觉提升党的领导力，由党站在全局高度把握发展方向、制定发展战略、统筹各方力量、协调各方利益、理顺重大关系，形成全国上下一盘棋的领导体制和运行模式，树立起党中央的权威，坚决破除一切不合时宜的体制机制障碍、冲破利益固化的藩篱，推动中央大政方针和决策部署落地生根，解决了许多长期想解决而没有解决的难题，办成了许多过去想办而没有办成的大事，取得了改革开放和社会主义现代化建设的历史性成就，推动中国特色社会主义进入新时代。

再次，坚持“党是领导一切的”是人民的殷切呼唤。

人民对美好生活的向往，就是我们党的奋斗目标。在决胜全面建成小康社会，夺取新时代中国特色社会主义伟大胜利，实现中华民族伟大复兴中国梦的征途中，我国改革发展的广度和深度前所未有，各种利益关系的复杂程度也前所未有，必须有一个坚强领导核心来总揽全局、协调各方。历史与现实证明，这个核心只能是中国共产党。党政军民学，东西南北中，党是领导一切的。在坚持党“把方向、谋大局、定政策”原则下，协调党政军民学各方力量，统筹优势资源，高层带动中层、中层带动基层，全力推进改革，才能更好解决发展路上的一系列深层、复杂、棘手问题。当然，坚持“党领导一切”并不等于“党包办一切”。我们遵循的是坚持党对一切工作的领导与坚持党的民主集中制有机统一；坚持党的领导、人民当家作主与依法治国有机统一；坚持依法治国与依规治党有机统一。注重将党的主张通过人民代表大会民主决议、立法等程序上升为国家意志，注重综合运用思想、政治、组织、经济、法律等手段将党的路线方针政策体现和落实到经济、政治、文化、社会、生态文明及军队和国防、外交、党的建设等各个方面。

历史和现实充分证明，有了中国共产党领导，我们的国家才有今天的辉煌成就。在坚持“党是领导一切的”这个重大原则问题上，我们必须高度自觉、坚定不移，决不能有丝毫的含糊和动摇。

2. 党的十九大报告指出：“协商民主是实现党的领导的重要方式，是我国社会主义民主政治的特有形式和独特优势。”对此应该如何理解？①

答：社会主义协商民主无论是其组织体系还是程序过程，都必须以中国共产党为核心。在国家政治生活层面，党通过人民政协、党的职能组织，以及所团结的各民主党派、无党派人士，建立协商民主运作的组织与机制；在社会生活层面，党通过其基层组织及党所联络的各种社会组织和普通群众，为协商民主运作建立覆盖面广、协调面大的组织与机制，从而使党的领导通过协商民主，实现了最广泛的动员，达成了最广泛的共识，汇聚起最磅礴的力量。因此，协商民主是实现党的领导的重要方式。

社会主义协商民主源自中华民族长期形成的天下为公、兼容并蓄、求同存异等优秀政治文化，源自近代以后我国政治发展的现实进程，源自中国共产党领导人民进行革命、建设、改革的长期实践，源自新中国成立后各党派、各团体、各民族、各阶级、各界人士在政治制度上共同实现的伟大创造，源自改革开放以来中国在政治体制上的不断创新，具有深厚的文化基础、理论基础、实践基础、制度基础。由此可见，协商民主植根于我国社会土壤，在我国有根、有源、有生命力。

习近平总书记强调，中国式民主在中国行得通、很管用。在中国社会主义制度下，有事好商量、众人的事情由众人商量，找到全社会意愿和要求的

---

① 参见苏玉：《如何理解协商民主》，《解放军报》，2018-01-15；舒启明：《坚持社会主义协商民主的独特优势》，人民网，2019-01-02。

最大公约数，是人民民主的真谛。协商民主是党领导人民有效治理国家、保证人民当家作主的重要制度设计，同选举民主相互补充、相得益彰。协商民主是中国社会主义民主政治中独特的、独有的、独到的民主形式，它深深嵌入中国社会主义民主政治全过程。

其独特优势具体体现在：

一是既坚持了中国共产党的领导，又发挥了各方面的积极作用，确保协商民主正确的政治方向，有效克服党派和利益集团为自己的利益固执己见、排除异己、相互竞争甚至相互倾轧的弊端，确保协商后的决策代表人民的根本利益、长远利益。

二是既坚持了人民主体地位，又贯彻了民主集中制的领导制度和组织原则，有效克服人民群众在国家政治生活和社会治理中无法表达、难以参与的弊端，确保协商依法开展、有序进行，防止议而不决、决而不行。

三是既坚持了人民民主的原则，又贯彻了团结和谐的要求，有效克服决策中情况不明、自以为是的弊端，有效克服各项政策和工作共识不高、无以落实的弊端，凝聚全社会推进改革发展的智慧和力量。实践充分证明，协商民主是中国共产党所领导的民主实践的重要组成部分，保证了人民当家作主的权利，丰富了民主的形式，拓展了民主的渠道，深化了民主的内涵，提升了民主的品质。

加强协商民主建设，有利于扩大人民群众有序政治参与、更好实现人民当家作主的权利，有利于促进科学决策、民主决策，有利于推进国家治理体系和治理能力现代化，有利于化解矛盾冲突、促进社会和谐稳定，有利于保持党同人民群众的血肉联系、巩固和扩大党的执政基础，有利于发挥我国政治制度优越性，增强中国特色社会主义道路自信、理论自信、制度自信、文化自信。

学习金句

一、关于党的政治建设

坚持党对一切工作的领导。党政军民学，东西南北中，党是领导一切的。必须增强政治意识、大局意识、核心意识、看齐意识，自觉维护党中央权威和集中统一领导，自觉在思想上政治上行动上同党中央保持高度一致，完善坚持党的领导的体制机制，坚持稳中求进工作总基调，统筹推进“五位一体”总体布局，协调推进“四个全面”战略布局，提高党把方向、谋大局、定政策、促改革的能力和定力，确保党始终总揽全局、协调各方。

——《习近平在中国共产党第十九次全国代表大会上的报告》（2017 年 10 月 18 日），《人民日报》（2017 年 10 月 19 日）

加强党的政治建设，必须把维护党中央权威和集中统一领导作为首要任务。党内所有的政治问题，归根到底就是对党是否忠诚。忠诚是共产党人必须具备的优秀品格。

——《习近平在十九届中央纪律检查委员会第二次全体会议上的讲话》（2018 年 1 月 11 日），《习近平谈治国理政》（第三卷），外文出版社 2020 年版，第 505 页

政治方向是党生存发展第一位的问题，事关党的前途命运和事业兴衰成败。我们所要坚守的政治方向，就是共产主义远大理想和中国特色社会主义共同理想、“两个一百年”奋斗目标，就是党的基本理论、基本路线、基本方略。加强党的政治建设就是要发挥政治指南针作用，引导全党坚定理想信念、坚定“四个自信”，把全党智慧和力量凝聚到新时代坚持和发展中国特色社会主义伟大事业中来；就是要推动全党把坚持正确政治方向贯彻到谋划重大战略、制定重大政策、部署重大任务、推进重大工作的实践中去，经常对表对标，及时校准偏差，坚决纠正偏离和违背党的政治方向的行为，确保党和国家各项事业始终沿着正确政治方向发展；就是要把各级党组织建设成为坚守正确政治方向的坚强战斗堡垒，教育广大党员、干部坚定不移沿着正确政治方向前进。

——《习近平在十九届中央政治局第六次集体学习时的讲话》（2018 年 6 月 29 日），《人民日报》（2018 年 7 月 1 日）

在党的政治建设方面，要确保党的集中统一，促进全党增强“四个意识”、坚定“四个自信”、做到“两个维护”，净化政治生态，及时清除两面

人等政治隐患，防范和化解政治风险。

——《习近平在十九届中央政治局第十五次集体学习时的讲话》（2019 年 6 月 24 日），《习近平谈治国理政》（第三卷），外文出版社 2020 年版，第 533 页

二、关于党的思想建设

“志不立，天下无可成之事。”理想信念动摇是最危险的动摇，理想信念滑坡是最危险的滑坡。一个政党的衰落，往往从理想信念的丧失或缺失开始。我们党是否坚强有力，既要看全党在理想信念上是否坚定不移，更要看每一位党员在理想信念上是否坚定不移。

——《习近平在庆祝中国共产党成立 95 周年大会上的讲话》（2016 年 7 月 1 日），《人民日报》（2016 年 7 月 2 日）

要把坚定理想信念作为党的思想建设的首要任务，教育引导全党牢记党的宗旨，挺起共产党人的精神脊梁，解决好世界观、人生观、价值观这个“总开关”问题，自觉做共产主义远大理想和中国特色社会主义共同理想的坚定信仰者和忠实实践者。

——《习近平在中国共产党第十九次全国代表大会上的报告》（2017 年 10 月 18 日），《人民日报》（2017 年 10 月 19 日）

在党的思想建设方面，要坚持不懈加强理论武装，坚定理想信念，牢记党的性质宗旨，强化党性修养，切实解决一些党员、干部理想信念缺失、宗旨意识淡化等问题，不断增强全党同志党的意识、党员意识。

——《习近平在十九届中央政治局第十五次集体学习时的讲话》（2019 年 6 月 24 日），《习近平谈治国理政》（第三卷），外文出版社 2020 年版，第 533 页

三、关于党的组织建设

党的力量来自组织。党的全面领导、党的全部工作要靠党的坚强组织体系去实现。进入新时代，开启新征程，我们必须更加注重党的组织体系建设，

不断增强党的政治领导力、思想引领力、群众组织力、社会号召力，把党员组织起来，把人才凝聚起来，把群众动员起来，为实现党的十九大提出的宏伟目标团结奋斗。

——《习近平在全国组织工作会议上的讲话》（2018 年 7 月 3 日），人民出版社 2018 年版

在党的组织建设方面，要健全党的组织体系，整顿软弱涣散党组织，不断增强各级党组织的创造力、凝聚力、战斗力，坚决反对个人主义、分散主义、自由主义、本位主义、好人主义，匡正用人导向，净化用人风气，坚决整治选人用人上的不正之风。

——《习近平在十九届中央政治局第十五次集体学习时的讲话》（2019 年 6 月 24 日），《习近平谈治国理政》（第三卷），外文出版社 2020 年版，第 533 页

建设好党的组织体系这座大厦，要让组织体系的经脉气血畅通起来，让党支部强起来。要落实党支部工作条例，按照“增加先进支部、提升中间支部、整顿后进支部”的思路，抓两头带中间，推动后进赶先进、中间争先进、先进更前进。“党支部建在司局、党小组建在处室”，是中央和国家机关基层组织体系的一个特点。要重视建强党小组，发挥党小组作用。要发挥支部管到人头的特点，严格党员教育管理监督，落实好“三会一课”等制度，把党员管住管好，使每名党员都成为一面鲜红的旗帜，每个支部都成为党旗高高飘扬的战斗堡垒。

——《习近平在中央和国家机关党的建设工作会议上的讲话》（2019 年 7 月 9 日），《求是》2019 年第 21 期

基层党组织是贯彻落实党中央决策部署的“最后一公里”，要坚持大抓基层的鲜明导向，抓紧补齐基层党组织领导基层治理的各种短板，把各领域基层党组织建设成为实现党的领导的坚强战斗堡垒，充分发挥广大党员在改革发展稳定中的先锋模范作用。各级党组织要提高政治领导力、思想引领力、群众组织力、社会号召力，把广大人民群众紧紧团结在党的周围。

——《习近平在主持中央政治局第二十一次集体学习时的讲话》（2020

年6月29日)，《人民日报》(2020年7月1日)

四、关于党的作风建设

作风问题本质上是党性问题。对我们共产党人来讲，能不能解决好作风问题，是衡量对马克思主义信仰、对社会主义和共产主义信念、对党和人民忠诚的一把十分重要的尺子。

——《习近平在十八届中央纪律检查委员会第六次全体会议上的讲话》(2016年1月12日)，《人民日报》(2016年1月13日)

锲而不舍落实中央八项规定精神，保持党同人民群众的血肉联系。中央八项规定不是只管5年、10年，而是要长期坚持。要拿出恒心和韧劲，继续在常和长、严和实、深和细上下功夫，密切关注享乐主义、奢靡之风新动向新表现，找出可能反弹的风险点，坚决防止回潮复燃。

——《习近平在十九届中央纪律检查委员会第二次全体会议上的讲话》(2018年1月11日)，《习近平谈治国理政》(第三卷)，外文出版社2020年版，第507页

要把力戒形式主义、官僚主义作为重要任务。反对形式主义要着重解决工作不实问题，督促领导干部树立正确政绩观，克服浮躁情绪，抛弃私心杂念。反对官僚主义要着重解决在人民群众利益上不维护、不作为问题，既注重维护最广大人民根本利益和长远利益，又切实解决群众最关心最直接最现实的利益问题。

——《习近平在十九届中央纪律检查委员会第三次全体会议上的讲话》(2019年1月11日)，《习近平谈治国理政》(第三卷)，外文出版社2020年版，第503页

五、关于党的纪律建设

各级领导干部特别是高级干部要从自身做起，给下级带个好头。中华民族历来都有珍惜名节、注重操守、干净为官的传统，历来都讲“为政以德”

“守土有责”，领导干部要秉公用权、廉洁用权，做遵纪守法的模范，同时要坚持原则、敢抓敢管。要坚持正确用人导向，把好干部选出来、用起来，促进能者上、庸者下、劣者汰。

——《坚定不移推进党风廉政建设和反腐败斗争》（2016 年 1 月 12 日），《习近平谈治国理政》（第二卷），外文出版社 2017 年版，第 167 – 168 页

要坚持法治、反对人治，对宪法法律始终保持敬畏之心，带头在宪法法律范围内活动，严格依照法定权限、规则、程序行使权力、履行职责，做到心中高悬法纪明镜、手中紧握法纪戒尺，知晓为官做事尺度。

——《习近平在参加十三届全国人大一次会议重庆代表团审议时的讲话》（2018 年 3 月 10 日），《人民日报》（2018 年 3 月 11 日）

要严字当头，把纪律的螺丝拧得紧而又紧。要深化运用监督执纪“四种形态”，特别是要在用好第一种形态上下功夫，多做红脸出汗、咬耳扯袖的工作。要抓好纪律教育、政德教育、家风教育，深化以案为鉴、以案促改，引导党员、干部正确处理自律和他律、信任和监督、职权和特权、原则和感情的关系，筑牢拒腐防变的思想道德防线。要加强对党员、干部全方位的管理监督，特别是要加强对权力、资金、资源集中的重点部门和关键岗位的监督。要深化标本兼治，突出重点削减存量、零容忍遏制增量，一体推进不敢腐、不能腐、不想腐。

——《习近平在中央和国家机关党的建设工作会议上的讲话》（2019 年 7 月 9 日），《求是》2019 年第 21 期

要用严明的纪律维护制度，增强纪律约束力和制度执行力。要完善全覆盖的制度执行监督机制，强化日常督察和专项检查。要把制度执行情况纳入考核内容，推动干部严格按照制度履职尽责、善于运用制度谋事干事。要以有效问责强化制度执行，既追究乱用滥用权力的渎职行为，也追究不用弃用权力的失职行为；既追究直接责任，也追究相关领导责任。

——《习近平在十九届中央纪委四次全会上的讲话》（2020 年 1 月 13 日），《人民日报》（2020 年 1 月 14 日）

主要参考文献

[1] 习近平谈治国理政[M]. 北京:外文出版社,2014.

[2] 习近平谈治国理政,第 2 卷[M]. 北京:外文出版社,2017.

[3] 习近平谈治国理政,第 3 卷[M]. 北京:外文出版社,2020.

[4] 习近平论强军兴军[M]. 北京:解放军出版社,2017.

[5] 习近平论强军兴军,第 2 卷[M]. 北京:解放军出版社,2019.

[6] 十八大以来重要文献选编,上[M]. 北京:中央文献出版社,2014.

[7] 十八大以来重要文献选编,中[M]. 北京:中央文献出版社,2016.

[8] 十八大以来重要文献选编,下[M]. 北京:中央文献出版社,2018.

[9] 十九大以来重要文献选编,上[M]. 北京:中央文献出版社,2019.

[10] 中共中央宣传部. 习近平新时代中国特色社会主义思想三十讲[M]. 北京:学习出版社,2018.

[11] 中共中央宣传部. 习近平新时代中国特色社会主义思想学习纲要[M]. 北京:学习出版社,人民出版社,2019.

[12] 中央军委政治工作部. 习近平强军思想学习纲要[M]. 北京:解放军出版社,2019.

[13] 习近平. 在庆祝中国共产党成立 95 周年大会上的讲话[M]. 北京:人民出版社,2016.

[14] 习近平. 决胜全面建成小康社会 夺取新时代中国特色社会主义伟大胜利——在中国共产党第十九次全国代表大会上的报告[M]. 北京:人民出版社,2017.

[15] 党的十九大报告学习辅导百问[M]. 北京:党建读物出版社,学习出版社,2017.

[16] 党的十九大报告辅导读本[M]. 北京:党建读物出版社,学习出版

社,2017.

[17] 习近平关于“不忘初心、牢记使命”重要论述摘编[M]. 北京:人民出版社,2019.

[18] 习近平关于中国特色大国外交论述摘编[M]. 北京:中央文献出版社,2019.

[19] 抗击新冠肺炎疫情的中国行动[M]. 北京:人民出版社,2020.

[20] 毛泽东文集[M]. 北京:人民出版社,2009.

[21] 邓小平文选[M]. 北京:人民出版社,2009.

后 记

本书可做为军官高等教育班次各专业学员必修的政治理论课“毛泽东思想和中国特色社会主义理论体系概论”和士官职业技术教育各班次各专业学员必修的政治理论课“习近平新时代中国特色社会主义思想”配套的通用教学辅助用书。

本书编写工作，由陆军军事交通学院镇江校区船艇动力系军政基础教研室承担。夏芸撰写第一、第五专题，夏芸、张蓉合作撰写第三、第六专题，姚冰彬、孟林秀合作撰写第二专题，姚冰彬、陈东伟合作撰写第四专题，孟林秀担任校对统稿工作。

本书的编写得到了陆军炮兵防空兵学院鲁世山教授和江苏大学董德福教授的悉心指导。鲁教授、董教授不辞辛苦，通读全稿，提出许多中肯的、详尽的修改意见，让我们受益匪浅。此外，本书还得到了各级领导的大力支持，得到有关专家学者的诸多帮助，在此表示感谢。

在编写过程中，我们参阅借鉴了同行们的相关研究成果，对此深表感谢。由于编者水平有限，书中难免有错漏之处，殷切期望广大读者对书中的不足提出宝贵意见。

陆军军事交通学院镇江校区

夏　芸

2020 年 12 月